An Guad`n!

Das Oberland begeistert Einheimische und Gäste immer wieder mit seiner herrlichen Natur. Dazu gehören auch die vielen Seen, in denen sich köstliche Wasserbewohner tummeln. Auch der Fischreichtum von Ammersee, Kochelsee, Walchensee, Tegernsee und Staffelsee ist für Fischliebhaber absolut verlockend. Daher liegt es nah, dass ich – nach meinen beiden Fischkochbüchern vom Starnberger See und Chiemsee (s.S. 25) – nun auch den dortigen Fischerfamilien ihre Lieblingsrezepte „entlockt“ habe.

Wer die Köstlichkeiten, die man aus Renke, Hecht, Barsch, Seesaibling, Seeforelle, Karpfen, Aal, Weißfischen & Co. zubereiten kann, zu schätzen weiß, kommt auch in diesem Buch voll auf seine Kosten. Wieder haben die Fischerfamilien ihre Küchengeheimnisse verraten und für die appetitanregenden Fotos selbst gekocht. Alles live und direkt vor Ort in den Küchen der Fischer – authentischer geht´s nicht!

Hierfür möchte ich mich sehr herzlich bei allen Beteiligten bedanken, auch wieder bei Ludwig Koch für seine kompetente Unterstützung. Vor allem aber bei den fleißigen Fischerfamilien, die gezeigt haben, wie einfach sich aus den Fischen der Seen im Oberland die köstlichsten Gerichte zaubern lassen. Wer braucht da importierte Zuchtfische wie Pangasius oder Tilapia, wenn wir Renke, Hecht & Co. fangfrisch aus unseren Seen auf dem Teller haben können? Gebraten, gedünstet, geräuchert oder mariniert – sie sind in jeder Form ein Schmankerl, lassen Sie sich überraschen! Viel Spaß nun allen Lesern beim Nachkochen und Genießen der g`schmackigen Fischrezepte aus dem Oberland und guten Appetit!

Ihre Dr. Eva-Maria Schröder

Die Fischerei im Oberland

Das Bayerische Oberland ist reich an kleineren und größeren Seen eiszeitlichen Ursprungs, die einen großen Fischreichtum bieten. Da ist es nur natürlich, dass die Geschichte der Fischerei hier viele Jahrhunderte zurückreicht. So haben beispielsweise die Fische des Ammersees, Tegernsees, Walchensees, Kochelsees und Staffelsees seit alters her zur Ernährung der Menschen beigetragen. Das ist heute noch so, und deshalb kennen die alt eingesessenen Fischerfamilien dieser Region viele schmackhafte Zubereitungsarten für ihre Fische, von denen sie hier die besten verraten.

Ursprünglich wurde hauptsächlich für Klöster und Adel gefischt, später immer mehr auch für die Bevölkerung. Die heutigen Berufsfischer sind nicht nur Nutzer der Seen, sondern auch darauf bedacht, diese und deren Fischvielfalt zu pflegen. Dazu sind sie in den Fischereigenossenschaften der jeweiligen Seen organisiert, deren Augenmerk darauf liegt, den Fischbestand zu erhalten, zu vermehren und die verschiedenen Fischarten in ein gutes Gleichgewicht zu bringen. So werden beispielsweise die Maschenweite und die Zahl der Netze festgelegt. Außerdem führen sie zum Bestandsschutz Maßnahmen wie die Laichfischerei und den Betrieb von Bruthäusern durch. Die Berufsfischer der einzelnen Seen bewirtschaften ihr Gebiet gemeinsam, kümmern sich so darum, dass genügend Jungfische ausgesetzt werden, und wachen darüber, dass der Bestand nicht gefährdet wird.

Die meisten Fischereien sind Familienbetriebe, die ihr Handwerk von Generation zu Generation weitergeben. Nicht selten haben auch die weiblichen Nachkommen das Fischereirecht übernommen und üben die harte Arbeit aus. Es ist noch gar nicht so lange her, da waren die Netze noch aus selbst gestrickten schweren Naturfasern (Baumwolle, Hanf), die mühsam wieder getrocknet werden mussten. Heute verwenden die Fischer moderne Kunststofffasern für ihre Reusen, Schweb- und Stellnetze. Nichts desto trotz ist die Fischerei nach wie vor ein harter und mühsamer Beruf – die Fischerinnen (!) und Fischer fahren teilweise ganzjährig, auch bei Sturm, Regen, Eis und Schnee, mit ihren kleinen offenen Booten in den See, um ihrer Arbeit nachzugehen und köstlichen Fisch für verwöhnte Gaumen zu fangen. Die Natur entschädigt sie dafür mit der herrlichen Ruhe auf dem See in den frühen Morgenstunden und traumhaften Sonnenaufgängen bei herrlicher Alpenkulisse.
Es tummeln sich über 20 Fischarten in den Seen des Oberlandes, die Renke ist jedoch der „Brotfisch“ der Fischer. Dieser feine Leckerbissen macht überwiegend mindestens die Hälfte des Gesamtfangs aus. Neben der Renke verwöhnen die Seen des Oberlandes auch mit Hecht, Seeforelle, Seesaibling, Rutte, Aal, Zander, Karpfen, Barsch, Waller (Wels), Schleie, Brachse und anderen Weißfischarten – köstlich sind sie alle.

Die Fangquoten schwanken von Jahr zu Jahr und See zu See. Obwohl die Fischarten der einzelnen Seen sehr ähnlich sind, gibt es doch Unterschiede. So findet man beispielsweise im Walchensee keine Karpfen, im Staffelsee keine Forellen und im Kochelsee fehlen Saiblinge und Forellen. Und auch die anderen Seen haben ihre speziellen Fischpopulationen.

Die Fischerfamilien vermarkten ihren Fang selbst – an die umliegenden Restaurants oder im eigenen Hofladen – und sind stolz auf ihre Verantwortung und Tradition. Einheimische, Gäste und Gastronomie werden durch sie mit frischem oder geräuchertem, oftmals auch weiter veredeltem Fisch verwöhnt. Man kann bei den Berufsfischern die Fische küchenfertig, das heißt geschuppt und ausgenommen, als Filet oder geräuchert bekommen. Einige Betriebe bieten in ihren Hofläden zusätzlich auch weiterverarbeitete Fischspezialitäten wie Suppen, Sülzen, eingelegte und marinierte Fische, Fischpflanzerln etc. an. Und eine leckere Fischsemmel schmeckt allemal auch gerne schnell aus der Hand.

Die Adressen der beteiligten Fischereibetriebe finden Sie ab Seite 26.

Kulinarisches aus den Seen des Oberlands

Die Seen des Oberlands sind ein guter Lebensraum für wohlschmeckende Speisefische, jedoch kein Selbstbedienungsladen. Die natürliche Lebensweise der Fische in Abhängigkeit von den Jahreszeiten sowie die zur Arterhaltung festgesetzten Schonzeiten bringen es mit sich, dass nicht alle Fische ganzjährig gefangen werden dürfen. Im Frühjahr gehen besonders Brachsen, Hechte, Weißfische und Barsche, im Sommer Renken, Aal und Karpfen und im Herbst Hechte, Brachsen und Barsche in die Netze und Reusen. Im Winter werden besonders Rutten, Zander und Barsche gefangen.

Barsche und Weißfische können Sie meist ganzjährig frisch bei Ihrem Fischer kaufen, im Oktober und November werden Sie jedoch kaum frische Renken bekommen, genauso wenig wie frische Seeforellen. Zwischen Mitte Februar und Mitte April hat der Hecht Schonzeit. Aber auch während der Schonzeiten müssen Sie nicht gänzlich auf Renke & Co. verzichten. Viele Fischer verkaufen sie tiefgefroren im Ganzen oder als Filet. Und in veredelter oder geräucherter Form sind die Leckerbissen oft sogar ganzjährig erhältlich..

Wohlschmeckende Speisefische

Renke

Die Renke ist seit je her der „Brotfisch" der oberbayerischen Fischer, ihr Anteil an den Fangerträgen liegt bei weit über 50 %. Sie ist schmal und silbrig, zwischen Rücken- und Schwanzflosse hat sie, wie alle forellenartigen Fische, eine Fettflosse. Renken sind wohlschmeckende Speisefische, am bekanntesten dürften sie noch immer in ihrer geräucherten Form sein. Aber auch gebraten, gedünstet und gegrillt schmeckt die Renke köstlich und ist als Fischfilet auch unkompliziert von Kindern und Fischskeptikern zu genießen. Man kann Renken sehr vielfältig, von rustikal-einfach bis elegant in Champagnerschaum zubereiten – in jeder Form sind sie ein feines, regionales Geschmackserlebnis.

Seeforelle

Die Seeforelle gehört zu den lachsartigen Fischen und ist nahezu in allen Seen des Oberlands heimisch. Der silbrig-glänzende Fisch kann deutlich größer als die Renke werden, über 1 m lange und bis zu 15–20 kg schwere Exemplare wurden schon gefangen. Das köstliche, lachsrote Fleisch der Seeforelle macht sie zu einem besonders attraktiven Speisefisch, sie eignet sich hervorragend zum Braten, Dünsten und Räuchern.

Seesaibling

Auch der Seesaibling gehört zu den lachsartigen Fischen und liebt tiefes, sauberes Wasser, wie er es im Oberland vorfindet. Der Seesaibling ist ein feiner Speisefisch mit lachsfarbenem, festen Fleisch und eignet sich ähnlich wie die Forelle hervorragend zum Braten, Blaukochen (auch er muss wegen seiner kleinen Schuppen nicht geschuppt werden) und auch Räuchern.

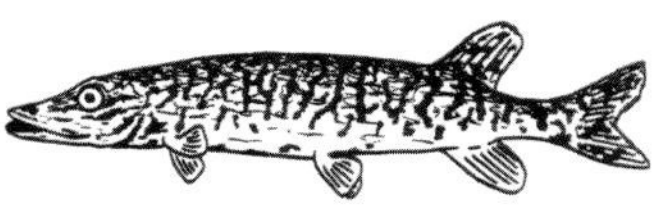

Hecht

Der Hecht ist ein einheimischer Raubfisch, der durchaus über 1 m lang und über 20 kg schwer werden kann. Als Speisefisch ist er sehr geschätzt und hat ein sehr fettarmes Fleisch, so dass man ihn bei der Zubereitung vor dem Austrocknen schützen muss. Hechtfleisch wird auch gern zu Hechtnockerln verarbeitet und die Filets sauer eingelegt.

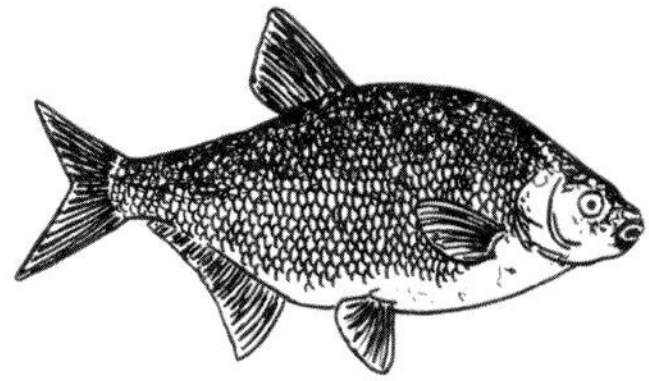

Weißfische

Als Weißfische werden verschiedene meist kleine, silbrig-weiße Süßwasserfische zusammengefasst, in den Voralpenseen zählen beispielsweise Brachse, Rotauge, Zährte, Mairenke oder Aitel (Döbel) dazu. Weißfische sind meist sehr wohlschmeckend, aufgrund ihrer vielen Gräten aber oft aufwändig zu bearbeiten – die Fischer haben jedoch auch hier ihre speziellen Methoden. Mit Grätenschneidemaschinen zerkleinern sie die Gräten, so dass auch diese kulinarischen Leckerbissen problemlos zu genießen sind. Weißfische werden auch gern für Fischpflanzerl oder -nockerln verwendet oder sauer eingelegt (mariniert), beispielsweise wie Brathering in Essig, denn durch die Säure wird der Kalk der Gräten aufgelöst. Die Brachse beispielsweise ist ein sehr beliebter Speisefisch im Oberland. Sie wird 30–50 cm groß und ist gerade auch geräuchert eine Delikatesse.

Aal, Karpfen, Zander & Co.

Natürlich tummeln sich noch diverse andere Speisefische in den hiesigen Seen, beispielsweise der schlangenartige Aal. Er ist mit seinem besonderen Geschmack und fettreichen Fleisch sehr beliebt und eignet sich u.a. hervorragend zum Räuchern. Auch schmackhafte Karpfen und delikate Zander gehen den Fischern im Oberland in die Netze.

Fisch – ein gesundes und hochwertiges Nahrungsmittel

In den Seen des Oberlandes wachsen also jede Menge wohlschmeckender Speisefische heran und werden von den Berufsfischern gehegt und gepflegt. Und natürlich bestandsschonend gefischt – denn unsere einheimischen Fischarten sind gesunde, wohlschmeckende Lebensmittel! Eiweißreich, kalorienarm und im Prinzip reine Bioqualität, obwohl sie diese Bezeichnung offiziell nicht führen können.
Ernährungsexperten empfehlen 1–2 Fischmahlzeiten pro Woche. Fischgerichte stellen eine wohlschmeckende und gesunde Alternative zu Fleisch dar. Das breite Angebot und die vielfältigen Zubereitungsmöglichkeiten bieten jede Menge Abwechslung und Raum für kulinarische Neuentdeckungen. Durch seine wertvollen Inhaltsstoffe ist Fisch ein wichtiger Bestandteil einer vollwertigen Ernährung, denn er liefert uns hochwertiges Eiweiß, gesunde Fettsäuren, Vitamine sowie wichtige Mineralstoffe und Spurenelemente. Fisch ist eines unserer gesündesten Nahrungsmittel und zudem ein kulinarischer Tausendsassa.

Für eine Portion können Sie 200–250 g Fischfilet oder 250–350 g ganzen Fisch rechnen. Bei den Fischerfamilien können Sie meist direkt ab Hof küchenfertig vorbereitete Fische kaufen: Die Fische sind ausgenommen und geschuppt, auf Wunsch filetiert, zum Teil geräuchert, eingelegt und mariniert. Lassen Sie sich von der Vielfalt der zur Verfügung stehenden Vor- oder Zubereitungsmöglichkeiten überraschen, in jedem Fall erwartet Sie ein frisches, hochwertiges Naturprodukt direkt vom Fachmann beziehungsweise der Fachfrau.

Was man bei Einkauf und Umgang mit frischem Fisch beachten muss und welche g`schmackigen Gerichte sich einfach und schnell mit den Wasserbewohnern zubereiten lassen, zeigen wir Ihnen auf den kommenden Seiten. Aus Fisch lässt sich mit ein klein wenig Wissen relativ einfach ein köstliches Mahl zaubern, und bei schmackhaft und grätenfrei zubereiteten Gerichten greifen auch Kinder gerne zu. Zudem sollte man nicht vergessen, dass eine schöne Fischmahlzeit mit einem Gläschen Wein immer ein bisschen Luxus in den Alltag bringt.

Vom richtigen Umgang mit frischem Fisch

Fisch ist ein sehr empfindliches Lebensmittel, deshalb gilt es bei Kauf, Transport, Lagerung und Zubereitung ein paar Regeln zu beachten.

Frischekriterien

Fischgeruch erinnert daran, dass Fisch schnell verdirbt. Durch sorgfältiges Begutachten können Sie erkennen, ob es sich um frische Ware handelt. An folgenden Merkmalen erkennen Sie frischen Fisch:

- *Frischer Fisch „fischelt“ nicht, er riecht frisch nach „seinem“ Gewässer, aber nicht unangenehm fischig.*
- *Die Augen sind prall und glasklar, nicht eingesunken oder trüb.*
- *Die Kiemen sind von leuchtend roter Farbe und deutlich erkennbar. Vor der Zubereitung sollten sie jedoch unbedingt entfernt werden, Ihr Fischer macht das gerne für Sie.*
- *Die Haut ist glänzend-feucht mit einer klaren Schleimschicht und hat (ungeschuppt) festsitzende, glatte Schuppen.*
- *Das Fleisch ist fest und elastisch ohne Druckstellen; bei leichtem Druck auf das Fischfleisch bleibt keine Mulde zurück.*
- *Bei Fischfilet sollten die einzelnen Muskelsegmente nicht auseinander klappen.*

Was bei ganzen Fischen gilt, ist auch bei Filets und geräuchertem Fisch zu beachten – die Ware darf nicht unangenehm nach Fisch riechen. Fischfilets müssen feucht-frisch wirken und die einzelnen Muskelsegmente dürfen nicht auseinander klappen. Beim Kauf von Fischen direkt vom Fischer können Sie sicher sein, immer wirklich frischen Fisch zu bekommen, denn **Fischkauf ist Vertrauenssache!**

Der Fisch muss entspannen können

Fisch sollte man immer so frisch wie möglich essen, aber nicht nach der Methode „aus dem Wasser in die Pfanne“. Denn durch die Hitze würde sich das Fischfleisch unweigerlich aufdrehen, aufplatzen und zusammenziehen. Renke & Co. sollten Sie deshalb am besten 1 Tag nach dem Fang garen. Fisch aus dem Meer sollten Sie dagegen möglichst am Tag des Einkaufs verzehren, denn sein Fang liegt ja schon etwas zurück.

Fische mögen es kühl

Fisch benötigt immer eine ausreichende Kühlung, auch beim Transport (Kühlbox im Sommer!), und eine sachgerechte Lagerung bei ca. 3–4 Grad Celsius. Legen Sie den Fisch zuhause in eine abgedeckte Schüssel im kältesten Teil des Kühlschranks, und bereiten Sie ihn innerhalb von einem Tag zu.

Fisch einfrieren

Sie können Fisch auch einfrieren, am besten mit der Schock- oder Schnellgefrierfunktion Ihres Tiefkühlgerätes. Stellen Sie dazu das Gerät einige Stunden vorher auf die kälteste Stufe und frieren Sie dann den Fisch portionsweise ein. Magere Fischen vertragen den Kälteschlaf etwa 5 Monate, vakuumiert auch länger. Fetter Fisch sollte nach 2 Monaten „aufgeweckt“ werden, vakuumverpackt bleibt auch er deutlich länger frisch. Tauen Sie gefrorenen Fisch immer langsam auf, am besten im Kühlschrank, sonst leidet seine Qualität.

Die drei großen „S“

Aus den Zubereitungstipps für Fisch sind sie nicht wegzudenken: Die drei großen „S“ – Säubern, Säuern, Salzen. Säubern und Salzen sind ein Muss, das Säuern nicht unbedingt. Früher diente es vor allem dazu, den Geruch nicht mehr ganz frischer Fische zu überdecken, aber bei fangfrischem Fisch aus dem Oberland gibt es das Problem natürlich nicht. Zwar verträgt sich Fisch wunderbar mit Zitrone, aber die kann man nach Geschmack auch kurz vor dem Verzehr darüber träufeln. Zuviel Säure beim Garen tut dem zarten Fischfleisch nämlich nicht gut! Es sei denn, man säuert (mariniert) rohen Fisch mit Zitronensaft, um ihn anschließend ungegart zu verzehren, dann übernimmt die Säure der Zitronen die Funktion des Garens!

Zum Säubern halten Sie den Fisch innen und außen unter fließendes kaltes Wasser und tupfen ihn anschließend mit Küchenkrepp trocken. Salz geben Sie am besten erst kurz vor dem Garen auf den Fisch, damit nicht unnötig Flüssigkeit entzogen wird.

Tipp: *Wenn Sie sich den frischen Fisch beim Fischer vakuumieren lassen, hält er sich im Kühlschrank ein paar Tage länger, Räucherfisch so auch bis zu 14 Tage. Vakuumiert können Sie den Fisch auch portionsweise gut einfrieren! Achtung: Fischart und Einfrierdatum auf dem Gefrierbeutel vermerken!*

Fisch richtig garen

Man kann Fisch auf viele Arten zubereiten, schonend sollten sie jedoch alle sein, um das empfindliche Produkt in bester Qualität zu servieren. Wichtig ist, die Hitze und die Garzeit dosiert und nicht zu groß zu wählen, denn sonst wird der Fisch schnell trocken, und es wäre schade um das gute Grundprodukt. Denn das zarte Fischfleisch gart schon ab 60 Grad!

Sie können Fisch dünsten, braten, grillen oder dämpfen, zu jedem Fisch oder Fischteil gibt es spezielle Zubereitungsarten. In jedem Fall geht das Garen recht schnell, denn Fisch enthält nur wenig Bindegewebe. Ein sichtbares Zeichen für den perfekten Garpunkt ist, wenn das Fischfleisch noch leicht glasig ist, sich aber gut teilen und von der Gräte lösen lässt. Ganze Fische sind gar, wenn man die Rückenflosse leicht herausziehen kann und das Auge einer weißen Perle gleicht.

Bewährte und beliebte Garmethoden:

Braten in der Pfanne

In der Pfanne brät man am besten ganze Fische bis etwa 400 g, sowie Fischfilets mit und ohne Haut. Die Haut kann anfangs ruhig größere Hitze vertragen, damit sie schön knusprig wird, dann sollte man jedoch mit der Hitze deutlich zurück gehen.

Im Backofen

Im Ofen gart man ganze Fische oder Teilstücke und schützt sie durch Abdecken oder regelmäßiges Begießen mit Flüssigkeit vor dem Austrocknen. Auch in Folie, Bratschlauch oder Pergamentpapier, sowie unter der Salzkruste oder in Teig gehüllt, kann man Fisch im Ofen schön saftig zubereiten. Hierbei gart er im eigenen Saft und bewahrt sein Aroma besonders gut.

Pochieren

Hierbei zieht der Fisch in wenig Flüssigkeit langsam und unter dem Siedepunkt bei ca. 70–75 °C in einem reichlich gewürzten Sud (Wasser, Essig, Salz, Lorbeerblatt, Pfefferkörner, Wacholderbeeren, Zwiebel, Nelken und Suppengemüse) gar – niemals sprudelnd kochen lassen! Gut geeignet für ganze Fische mit Haut. Portionsstücke benötigen je nach Dicke und Temperatur etwa 10 bis 20, ganze Fische 30 bis 40 Minuten.

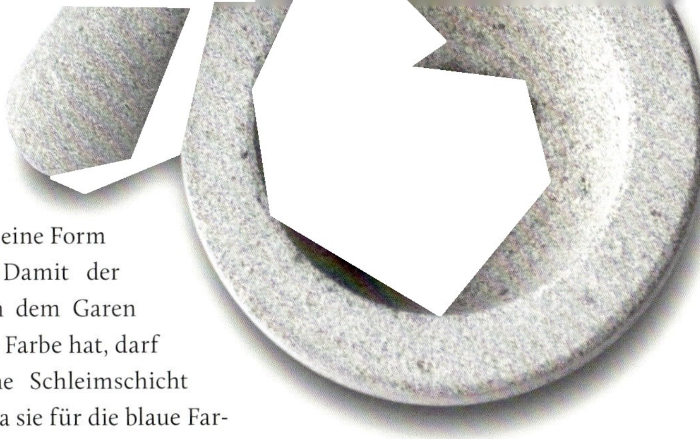

Blaugaren

Das Blaugaren ist eine Form des Pochierens. Damit der ganze Fisch nach dem Garen eine schöne blaue Farbe hat, darf man vorher seine Schleimschicht nicht zerstören, da sie für die blaue Farbe verantwortlich ist. Fische, bei denen man die Schuppen aufgrund ihrer Größe entfernen muss – wie beispielsweise bei der Renke – werden niemals blau, weil hierbei die Schleimschicht zerstört wird. Kleinschuppige Fische wie Forelle, Saibling oder Schleie sind für diese Zubereitung dagegen sehr geeignet, auch Karpfen kann man blaugaren.

Sud zum „Blaugaren"

1 3/4 l Wasser
1/4 l Balsam-/Estragon- oder Weißweinessig mit frischem Estragon
2 Karotten, klein geschnitten
3 kl. Zwiebeln, 1 Knoblauchzehe
2 geh. EL Salz, 1 TL Nelken, 1–2 Lorbeerblätter, 1 TL Pfefferkörner

Sud eine gute 1/2 Stunde kochen, abschmecken (muss sehr würzig sein), herunter kühlen. Den gewaschenen und gesalzenen Fisch in den lauwarmen Sud einlegen und erwärmen, aber nicht kochen lassen! Fisch unter dem Siedepunkt in ca. 10–15 min (je nach Größe) gar ziehen lassen. Zum blaugegarten Fisch schmecken Salzkartoffeln, flüssige Butter und ein paar Löffel Sud.

Tipp: Fischreste in etwas kalten Essigsud einlegen und mit etwas Kräuterremoulade und frischem Dill zu einem feinen Fischsalat verarbeiten.

Dünsten

Beim Dünsten gart der Fisch sehr schonend im eigenen Saft mit wenig Fett und etwas Flüssigkeit (Fischfond, Weißwein) – nicht mehr als dass der Boden des Topfes einen Zentimeter hoch mit Flüssigkeit bedeckt ist, oder auf tropfnassem Gemüse in einem geschlossenen Gefäß – bei gemäßigter Temperatur. Saftig und aromatisch kommt er auf den Teller. Zarte Filets brauchen nur ca. 5 Minuten, ein großer Fisch kann bis zu 40 Minuten benötigt. Dünsten ist eine sehr gesunde Zubereitungsart, da Eigengeschmack, Nährstoffe und Vitamine gut erhalten bleiben.

Dämpfen

Fischfilets und kleine ganze Fische werden durch heißen Dampf schonend und fettfrei gegart. Man kann einen speziellen Bambuskorb oder einen Topf mit Dämpfeinsatz verwenden. Vor allem für kleine und zarte Fische beziehungsweise Fischfilets eignet sich diese Zubereitungsart. Filets benötigen je nach Größe eine Garzeit von ca. 3 bis 5 Minuten, größere Portionsstücke müssen ca. 10 bis 15 Minuten im Dampf garen.

Fisch richtig grillen

Beim Grillen von Fisch darf die Hitze nicht zu groß, und Grillrost/-zange müssen vorher gut eingefettet sein. Gut Grillen kann man ganze Fische oder größere Teilstücke, Fischfilets sollte man zum Schutz in Alufolie verpacken. Achtung: Fisch bis direkt vor dem Grillen kühl lagern und den Abstand vom Rost zur Glut der Fischgröße anpassen: Größerer Abstand bei empfindlichen Filets und zu Beginn bei ganzen Fischen, kleinerer Abstand kurz vor Schluss zum Bräunen ganzer Fische. Als Faustregel gilt: Je dicker der Fisch, desto größer der Abstand zur Glut, so vermeidet man, dass der Fisch außen schon verbrannt, innen aber noch roh ist. Sanfte Hitze gart schonender und gleichmäßiger, was besonders bei der zarten Fleischstruktur von Fisch extrem wichtig ist. Damit die Haut des Fisches nicht am Rost kleben bleibt, muss er vorher gut mit Öl eingerieben werden. Praktische Helfer sind spezielle Grillkörbe oder -zangen, in die die Fische eingespannt werden.

Welche Fische kann man grillen?

Je fettreicher und festfleischiger ein Fisch ist, desto einfacher lässt er sich grillen. Das Fleisch von Fischen ist besonders zart, deshalb kann es bei zu langer Grillzeit und zu hohen Temperaturen leicht austrocknen und auseinander fallen. Kleine und mittelgroße Fische, wie küchenfertige Renken, kann man im Ganzen auf den Grill legen. Ihre Bauchhöhle lässt sich mit schmackhaften Kräutern, Zwiebeln oder Speck füllen. Große Fische wie Hecht oder Karpfen werden als Filets oder Steaks gegrillt.

Fisch zum Grillen vorbereiten

Kleinere Fischstücke können auf einen Spieß gesteckt und in einer Aluschale gegrillt werden. Verschiedene Fischarten lassen sich dabei ebenso kombinieren wie Fisch und Gemüse. Um das Wenden der Grillspieße zu erleichtern, nehmen Sie einfach zwei Spieße, dann verdreht sich das Grillgut beim Wenden nicht. Die Fischstücke können vor dem Grillen ca. 1,5 Stunden in einer Marinade eingelegt werden. Damit sich ihre Aromen besser über das Fischfleisch verteilen, schneidet man ganze Fische vor dem Marinieren auf beiden Seiten drei- bis viermal ein. Zum Einlegen eignen sich am besten flüssige Marinaden auf Basis von Öl, Essig, Wein oder Sojasauce. Je nach Geschmack können ihnen Petersilie, Dill, Estragon, Oregano, Minze, Basilikum, Fenchel, Chili, Ingwer, Senf, Limette, Knoblauch oder Frühlingszwiebeln beigefügt werden. Kurz vor dem Grillen werden die Kräuter mit dem Pinsel abgestreift oder abgetupft, damit sie nicht in die Kohle tropfen. Erst jetzt wird der Fisch gesalzen.

Wer keine Zeit zum Marinieren hat, schneidet größere ganze Fische auf beiden Seiten drei- bis viermal tief ein und spickt die Einschnitte mit Kräutern, Zitronen- oder Limettenspalten. Beliebte Kräuter sind z. B. Petersilie, Thymian, Dill und Estragon. Die Einschnitte können aber genauso gut mit gewürzter Butter oder auch Kräuterbutter gefüllt werden. In diesem Fall muss der Fisch allerdings in Alufolie garen, damit die schmelzende Butter nicht in die Glut tropft.

Tipp: *Damit die Haut nicht am Rost anklebt, kann man ganze Fische auf einen gewässerten Holzspieß aufstecken und unter Drehen per Hand über die Glut halten, bis die Haut trocken ist. Dann kann man ihn auf den geölten Rost legen – er pappt nicht an.*

Festfleischige Fischfilets oder -steaks kann man wie ganze Fische direkt auf den gut geölten Grillrost legen. Empfindliche Filets, die leicht zerfallen, sind in einem geschlossenen Stück Alufolie am besten aufgehoben. Bei diesen Päckchen kann man auch noch etwas Wein oder Fischfond angießen, damit der Fisch besonders saftig wird. Wichtig auch hierbei: Die Folie muss gefettet sein. Wer Knoblauch liebt, reibt sie vorher mit einer halbierten Zehe ein. Bei dieser Methode bleibt der Fisch schön saftig und aromatisch, vor allem, wenn er vorher mariniert wurde.

Wichtig ist die Grilltemperatur

Die richtige Grilltemperatur ist dann erreicht, wenn die Holzkohle von einer weißen Ascheschicht überzogen ist. Der Rost muss in einem größeren Abstand über der Glut hängen als bei Würstchen oder Steak. Damit die Haut des Fisches nicht hängen bleibt, sollte er außerdem geölt sein. Praktische Hilfsmittel sind spezielle Grillkörbe oder Fischzangen, in die die Fische eingespannt werden. So lassen sie sich besonders leicht wenden. Alu-Grillschalen eignen sich ebenfalls gut, auch sie sollten vorher geölt werden und beim Auflegen des Fisches schon heiß sein.

Grillzeit beachten

Fisch muss auf dem Grill im Auge behalten werden und mit viel Feingefühl gilt es, den Moment zu erwischen, in dem er fertig ist. Dünne Filets sind schon in wenigen Minuten gar. Wenden Sie den Fisch am besten nur einmal, sonst könnte er auseinander fallen. Die Grillzeit ist generell weit kürzer als bei Fleisch. Um zu testen, ob der Fisch gar ist, versucht man bei ganzen Fischen die Rückenflosse herauszuziehen. Lässt sie sich leicht lösen, ist der Fisch gar.

F(r)isch geräuchert – ein Genuss!

Schon seit sehr langer Zeit wird das Räuchern von fetthaltigen Lebensmitteln eingesetzt, um ihnen einen besonderen Geschmack zu verleihen. Zudem wird durch dieses Verfahren die Haltbarkeit der Grundprodukte verlängert, es dient also auch der Konservierung. Beim Räuchern werden die vorher gesalzenen/gewürzten Produkte über einen bestimmten Zeitraum dem Rauch und der Hitze von Holzfeuern ausgesetzt, um Geschmack, Geruch, Aussehen und Textur positiv zu beeinflussen. Viele unserer heimischen Fische sind für das Räuchern geeignet, allen voran die Renke und – als besondere Spezialität – die Brachse. Aber auch Seeforelle, Aal & Co. verleiht der Räucherprozess ein wunderbares Aroma, und die Fische lassen sich in dieser Form sowohl „nature" zur Brotzeit genießen, als auch als Basis herrlicher Gerichte verwenden. Einige Rezepte mit Räucherfisch finden Sie natürlich in diesem Buch.

Es gibt verschiedene Arten zu räuchern, das Heißräuchern bei etwa 60–100° C über ca. 3 Stunden, sowie das Kalträuchern bei maximal 30° C über eine längere Zeit. Vor dem Räuchern werden die ganzen Portionsfische oder die Fischteile speziell gewürzt, das heißt, sie werden mittels einer Lake oder trocken gesalzen und ggf. mit Zucker und verschiedenen Gewürzen vorbehandelt. Hier hat jeder Fischer sein eigenes Geheimnis für den besonderen Geschmack seiner Produkte. Dann werden die vorbereiteten Fische, je nach Verfahren bei unterschiedlichen Temperaturen und Zeiten, mit unbehandelten Laubhölzern in speziellen Öfen geräuchert. Man erkennt es schon am verführerischen Duft, wenn der Fischer seinen Räucherofen in Betrieb hat!

Frisch geräucherte, vielleicht sogar noch warme Fische, sind ein einzigartiges Geschmackserlebnis. Aber auch belegte Semmeln mit Räucherfisch sind eine herrliche Brotzeit, und natürlich kann man mit Räucherfisch wunderbar kochen. Und nicht zuletzt erfreuen dekorative Platten mit Räucherfisch auf jedem kalten Buffet Augen und Gaumen gleichermaßen – viele Fischer bieten diesen professionellen Fischplattenservice. Achten Sie bei den Fischern also unbedingt auf die speziellen Schilder, wann es frisch geräucherte Fische gibt!

Heiße Saucen und kalter Dip – köstliche Begleiter nicht nur zu Fisch!

Buttermilch-Limettenschaum

1 Limette, unbehandelt
200 ml Sahne
200 ml Buttermilch
Salz, Pfeffer

Die Limette halbieren, auspressen und die Schale reiben. Den Limettensaft mit dem Abrieb und der Sahne aufkochen. Das Ganze von der Flamme nehmen, mit der Buttermilch verrühren, abschmecken und mit dem Zauberstab aufschäumen.
Direkt vor dem Servieren zubereiten.

Meerrettich-Sauce

50 g Butter
1 feingewürfelte Gemüsezwiebel
150 ml Weißwein
50 ml Wermut
150 ml Fischfond
100 ml Sahne
50 ml Creme fraîche
2 EL Sahnemeerrettich
Salz, Pfeffer

Zwiebelwürfel in Butter andünsten, mit Wein und Wermut aufgießen. Flüssigkeit fast komplett einkochen, Fischfond hinzugeben, aufkochen und würzen. Sahne und Creme fraîche hinzugeben und auf gewünschte Konsistenz reduzieren lassen. Abschmecken mit Meerrettich, Sauce passieren. Vor dem Servieren mit dem Zauberstab aufschäumen.

Weißwein-Sahne-Sauce

125 ml Fischfond
125 ml Weißwein
100 g Creme fraîche
2 EL kalte Butter
Salz, Pfeffer, Zucker
125 ml steifgeschlagene Sahne
feingehackte frische Kräuter

Wein und Fond auf die Hälfte reduzieren lassen, Creme fraîche einrühren und die Sauce einmal kurz aufkochen lassen. Die Butter in Flöckchen unterrühren, Sauce würzen und vom Herd nehmen. Nun die steifgeschlagene Sahne zusammen mit den Kräutern unterziehen und nochmal abschmecken. Passt sehr gut zu pochiertem Fisch!

Weißwein-Schaum
250 ml Fischfond
125 ml Weißwein
50 g kalte Butter
Salz, Pfeffer, evtl. Sahne
Fischfond, Wein und eventuell etwas Sahne auf die Hälfte einkochen lassen und würzen. Kalte Butterstückchen unterrühren und mit dem Pürierstab aufschäumen. Sofort servieren.

Limetten-Weißweinsauce (4 Portionen)
4 Eigelb
5 EL Weißwein
1 EL Limettensaft
Salz, Pfeffer, Zucker
120 g Butter
½ Bund Dill, fein gehackt
In einer kleinen Metallschüssel Eigelbe, Limettensaft und Weißwein verrühren, mit Salz, Pfeffer und Zucker würzen. Das Ganze im Wasserbad mit dem Schneebesen aufschlagen, bis die Sauce dicklich wird. Dann die kalte Butter in kleinen Flöckchen unterschlagen, den feingehackten Dill zufügen und nochmal abschmecken. Sauce direkt vor dem Servieren zubereiten.

Limetten-Sauce (4 Portionen)
80 g gehackte Schalotten
3–4 Limetten, Saft auspressen
50 ml Weißwein
50 ml Fisch- oder Gemüsefond
50 ml Sahne
90 g eiskalte Butter
Salz, Pfeffer
Schalotten mit Saft, Wein und Fond 10 Minuten köcheln lassen, durch ein Sieb in eine kleine Pfanne gießen und die Sahne unterrühren. Die Sauce etwa auf die Hälfte einreduzieren lassen und mit Salz und Pfeffer würzen. Zum Schluss die Butter in kleinen Flöckchen unterrühren, sofort servieren.

Paprika-Cremesauce (4 Portionen)

2 rote Paprika
½ Zwiebel
1 Knoblauchzehe
10 g Butter
½ EL Paprikapulver
½ l Gemüse- oder Fischfond
1 Schuss Weißwein
¼ l Sahne
Salz, Pfeffer

Zwiebel und Knoblauch schälen und klein schneiden. Die Paprika waschen, halbieren, entkernen und in Würfel schneiden. Zwiebel und Knoblauch in einem Topf mit der aufgeschäumten Butter anschwitzen, die Paprikawürfel zugeben und kurz mit dünsten, ohne sie zu bräunen. Mit Paprikapulver abstäuben und mit einem Schuss Weißwein ablöschen. Den Fond aufgießen und ca. 20 Minuten köcheln lassen, dann die Sahne unterrühren, einmal aufkochen lassen und mit einem Stabmixer pürieren.
Die Paprikacreme ist das ideale „Bett" für kross gebratene Fischfilets.

Schnelle Senfsauce

Geben Sie in eine heiße Pfanne zu gleichen Teilen Brühe und Sahne sowie verschiedene Senfsorten und Abrieb von einer Orangenschale. Das ganze gut verrühren, abschmecken und mit etwas kalter Butter montieren.
Passt sehr gut zu Fisch, aber auch zu gekochten Eiern.

Kalter Senf-Honig-Dill-Dip

Honig, Senf, Creme fraîche, Sauerrahm oder Schmand verrühren, mit Salz, Pfeffer und reichlich fein gehacktem Dill abschmecken.

Passt sehr gut zu geräuchertem Fisch und Matjes, auch zu Bratfisch.

Weitere Tipps:

Gar-Test für ganze Fische: *Der Fisch ist gar, wenn sich die Rückenflosse leicht herausziehen lässt und die Augen perlenartig weiß sind. Um beim Garen größerer ganzer Fische im Backofen den* ***richtigen Garpunkt*** *zu erwischen, stecken Sie an der dicksten Stelle (Rückenflosse) ein Bratenthermometer hinein. Bei 60–62 Grad ist der Fisch gar. Eignet sich auch gut für Fische in der Salzkruste oder im Teigmantel!*

Die Sache mit den Gräten: *Wenn Sie mit dem Zeigefinger „gegen den Strich" über das Fischfilet streichen, können Sie eventuell noch vorhandene Gräten spüren und mit einer Pinzette herausziehen. Bei Hechtfilets können Sie die Grätenreihen auch herausschneiden bzw. es durch den Fischer machen lassen. Besonders grätenreiche Weißfischfilets schneidet er Ihnen auch gerne so ein, dass die Gräten nicht mehr stören.*

Fischfond *lässt sich mit einem gewissen Aufwand aus Fischkarkassen (Gräten, Köpfe, Schwänze, frische Fischreste), Gemüse und Gewürzen/Kräutern selbst herstellen, aber man kann ihn auch meistens direkt bei den Fischern beziehen oder notfalls auch fertig aus dem Glas kaufen.* *Rezept s. S. 30.*

Renke „blau"? Geht nicht wirklich! *Die blaue Farbe (Beispiel: „Forelle blau") ganzer Fische beim Pochieren oder Dünsten kommt nur dann zustande, wenn die Schleimschicht auf der Haut unverletzt ist. Fische mit größeren Schuppen, die man wie z.B. bei der Renke entfernen muss, können deshalb bei der Zubereitung nicht „blau" werden. Aber die Zubereitungsart in einem köstlichen Sud verleiht natürlich auch ihnen einen wunderbaren Geschmack, wenn man von der Farbe mal absieht. Wirklich Blaugaren kann man dagegen problemlos Karpfen, Forelle, Schleie, Aal oder Saibling.*

Wie wäre es denn mal mit einem ***Fischfondue?*** *Ganz einfach Fischfond mit reichlich sehr fein geschnittenen Gemüsestreifen in einen Fonduetopf geben und Stücke von verschiedenen Fischfilets in speziellen Körbchen garen. Dazu Baguette, Salat und verschiedene Saucen – einfach köstlich!*

Achtung: *Fisch soll frisch sein, aber auch nicht zu frisch! „Aus dem Wasser in die Pfanne" führt zu einem Aufplatzen des Fischfleisches, besser ist es, den Fisch 1 Tag nach dem Fang zuzubereiten.*

Weitere schmackhafte Rezepte für Renke, Hecht & Co. finden Sie in diesen drei Fischkochbüchern. Auch die Berufsfischerfamilien vom Starnberger See, Chiemsee und Bodensee haben hier ihre Lieblingsrezepte verraten, natürlich wieder gespickt mit Informativem und Wissenswertem über die Fische ihrer Seen und dem Einmaleins der Fischzubereitung.
Die Vielfalt der Rezepte von diesen drei großen Voralpensee stellt eine wunderbare Ergänzung zu den Rezepten in diesem Buch dar. Und natürlich machen auch die appetitanregenden Fotos wieder Lust zum Nachkochen. Nicht fehlen dürfen natürlich die Adressen der Fischer, bei denen Sie die köstlichen Wasserbewohner absolut frisch bekommen können!

Ein Gaumen- und Augenschmaus für jeden Fischliebhaber und diejenigen, die es werden wollen!

Auch diese Bücher stammen von Eva-Maria Schröder.

Eva-Maria Schröder
Fischkochbuch vom STARNBERGER SEE
G'schmackiges und Interessantes rund um Renke, Hecht & Co.
ISBN 978-3-00-034977-5
Eva-Maria Schröder
Fischkochbuch vom CHIEMSEE
G'schmackiges und Interessantes rund um Renke, Hecht & Co.
ISBN 978-3-00-037901-7
Eva-Maria Schröder
Fischkochbuch vom BODENSEE
G'schmackiges und Interessantes rund um Felchen, Hecht & Co.
ISBN 978-3-00-045767-8

Gleich geht´s los!

Bevor Sie Ihren Appetit auf Fisch nun gleich mit den köstlichen Rezepten der Fischerfamilien aus dem Oberland stillen können, möchten wir Ihnen vorher noch die fleißigen Familien vorstellen, die ihre Lieblingsrezepte für dieses Fischkochbuch zubereitet haben:

Ammersee

Fischerei Anton Ernst „Beim Gaber", Seerestaurant Café Forster
An der Point 2, 86938 Schondorf a.A.
Tel: 08192-219
www.cafeforster.de

Bis ins 16. Jahrhundert reicht die Fischereitradition in der Familie vom Ammerseefischer Anton Ernst zurück. Zusammen mit seinem Sohn Andreas – gelernter Koch und ebenfalls Fischwirt – betreibt er das Strandbad Forster in Schondorf und fängt die Fische für ihr dortiges Restaurant natürlich selbst. Die Gerichte auf den Seiten 32 und 94 hat Andreas Ernst gekocht.

Fischerei Mastaller-Gastl,
Fischerei 42, 86911 Dießen
Tel 08807-8495

Die Fischereifamilie Gastl in Dießen ist schriftlich seit 1348 in den Bücher erwähnt, durchgehend bis heute. Derzeit führen Barbara Mastaller-Gastl und ihr Mann Joachim das Fischrecht in der 18. Generation aus. Das Rezept auf Seite 76 stammt von der Fischerin.

Fischerei Simon Rauch (Inh. Petra Rauch)
Mühlstr. 40, 86911 Dießen a.A.
Tel 08807-7940
www.fischerei-rauch.de

Die Vorfahren von Simon Rauch fischten schon seit 1594 am Ammersee. Im Jahre 2010 hat er sein Fischereirecht an seine Tochter Petra übertragen, die nun in der 11. Generation fischt. Die Fischwirtin hat die Rezepte auf den Seiten 62 und 72 für dieses Buch zur Verfügung gestellt.

Fischerei Anton Schwarz
Seestraße 11, 86938 Schondorf a.A.
Tel: 08192-215
www.schwarz-ammersee.de

Die Fischerei Schwarz wurde 1660 das erste Mal urkundlich erwähnt. Es bestehen zwei Fischrechte, von Anton Schwarz sowie von Sohn Anton-Peter Schwarz. Neben der Fischerei betreibt die Familie eine Segelschule mit Bootsverleih und eine Pension. Die Rezepte auf den Seiten 30, 46, 58, 78 und 90 hat Fischerin Sonja Schwarz gekocht.

Kochelsee

Fischerei Manfred Kneidl „Beim Sengfischer"
Kirchenweg 1, 82431 Kochel
Tel 08851-416
www.loisachtal-forellenzucht.de

Schon seit vielen Generationen übt die Familie Kneidl ihr Fischereirecht am Kochelsee aus. Manfred und Kreszentia leiten die Fischerei mit Hofladen heute und betreiben auch die Loisachtaler Forellenzucht sowie die Schifffahrt auf dem Kochelsee. Der „Sengfischerhof" wurde erstmals 1270 erwähnt. Die Gerichte auf den Seiten 66, 68 und 74 hat „die Sengfischerin" gekocht.

Fischerei Luidl „Beim Harupfer", Inh. Leonhard Helfert
Seestr. 24, 82444 Schlehdorf a.K.
Tel 08851-1337

Um 1600–1816 fischte die Familie für das Kloster Schlehdorf als Grundherrn. Ab 1816 wurde das Fischereirecht käuflich erworben und ist seitdem in der 7. Generation im Eigentum der Familie Luidl, seit April 2012 verpachtet an Leonhard Helfert (Neffe). Seine Frau Marina und Schwester Johanna Metz haben die Gerichte auf den Seiten 44 und 50 gekocht.

Fischerei Lorenz Schnieringer „Beim Diasl"
Seestr. 14, 82444 Schlehdorf/Kochelsee Tel 08851-369

Das Fischrecht befindet sich seit 1816 im Besitz der Familie Schnieringer. Gegenwärtig betreiben Lorenz und Maria-Luise die Fischerei und werden dabei von der Familie unterstützt. Die Rezepte auf den Seiten 34, 38, 64 und 70 wurden von Moni (Schwiegertochter) und Maria-Luise gekocht, mit tatkräftiger Hilfe von Enkelin Eva.

Fischerei Schretter, Inh. Albert Strobl „Beim Hechtler"
Seestr. 20
82444 Schlehdorf/Kochelsee
Tel 08851-1345 oder -7000

Die Tradition der Fischerei Schretter lässt sich bis 1816 zurückverfolgen. Seit 2000 leitet Albert Strobl zusammen mit seiner Frau Brigitte (geb. Schretter) die Fischerei nebst Hofladen, inzwischen in der 7. Generation. Die beiden haben die Rezepte auf den Seiten 36, 48 und 86 zubereitet.

Staffelsee

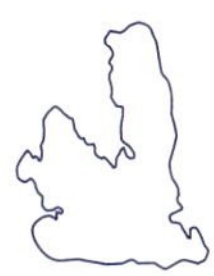

Fischerei Sebastian Utzschneider „Beim Fischerfranz"
Dorfstr. 20, 82418 Seehausen
Tel 08841-3209

Etwa seit 1500 betreiben die Familie Utzschneider und ihre Vorfahren die Staffelseefischerei, 1816 haben sie das Fischereirecht vom Kloster Ettal käuflich erworben. Fischer Sebastian Utzschneider und seine Frau Elisabeth führen die Fischerei heute. Die Staffelsee-Sülze auf der Seit 88 haben Elisabeth und Sebastian (sen.) Utzschneider mit Unterstützung von Schwiegertochter Kathrin gekocht.

Tegernsee

Fischerei Tegernsee, Michael Ostermaier, Bistro Aquadome
Überfahrtweg 13, 83707 Bad Wiessee
Tel 08022-857494
www.fischerei-tegernsee.com

Fischwirtschaftsmeister Michael Ostermaier hat die Fischerei Tegernsee seit ca. 20 Jahren gepachtet. Auch das Fischgeschäft in Tegernsee, das Simpert Ernst mit betreibt, gehört dazu. In Bad Wiessee leitet Micheal Ostermaier das Bistro Aquadome und die Brutanstalt für den Fischbesatz im Tegernsee. Außerdem betreibt er die Fischzucht in Wildbad Kreuth. Bistro-Koch Thomas Mészavos hat die Rezepte auf den Seiten 40, 52 und 54 gekocht.

Fischerei Tegernsee, Simpert Ernst, Fischgeschäft in Tegernsee
Seestr. 42, 83684 Tegernsee
Tel 08022-1561
www.fischerei-tegernsee.com

Eigentlich ist Fischwirtschaftsmeister Simpert Ernst Ammerseefischer – in der 5. Generation aus Dießen. Gegenwärtig fischt und arbeitet er jedoch für die Fischerei Tegernsee – hier ging er bei Michael Ostermaier seinerzeit auch in die Lehre – und ist Mitbetreiber des dazugehörigen Fischgeschäftes in Tegernsee. Er hat die Rezepte auf den Seiten 80, 82 und 96 gekocht.

Walchensee

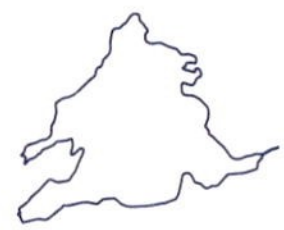

Fischerei Johann Rieger „Beim Waltlbauer"
Seestraße 48
82432 Walchensee
Tel: 08858-481

Seit dem 15. Jahrhundert liegt das Fischereirecht auf dem Haus der Familie Rieger am Walchensee, gegenwärtig betrieben von Johann und Christl Rieger. Die Nachfolge ist in der Familie bereits gesichert durch ihren Sohn Johann jun., der Walchenseefischer in der 18. Generation ist. Christl Rieger hat die Rezepte auf den Seiten 42, 56 und 60 gekocht.

Und noch jemand hat mitgekocht:

Fischwirtschaftsmeister Ludwig Koch, Kampberg

Der „Koch Luggi", ehemals Ausbilder am Institut für Fischerei in Starnberg, ist inzwischen Privatier. Das hindert ihn jedoch nicht daran, weiter leidenschaftlich gern schmackhaften Fisch zuzubereiten und allzeit mit Rat und Tat zur Verfügung zu stehen! Er hat das Rezept auf Seite 92 zubereitet.

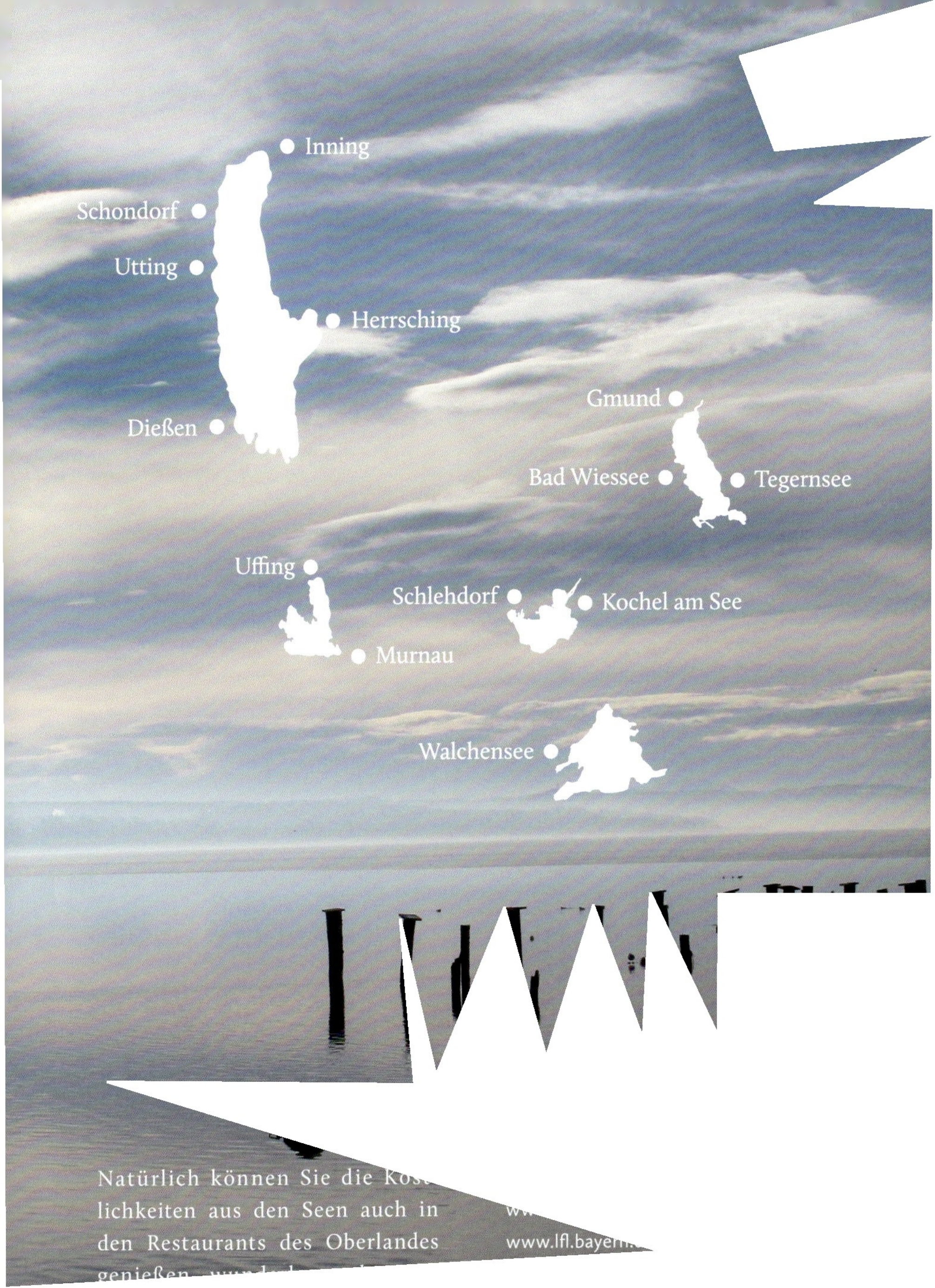

Natürlich können Sie die Kos
lichkeiten aus den Seen auch in
den Restaurants des Oberlandes
genießen

ww
www.lfl.bayern.

Fischerei Schwarz, Schondorf am Ammersee

Ammerseer Fischsuppe

4 Personen:

Grundrezept für Fischfond

Karkassen von mindestens 2 Fischen
2 gelbe Rüben
1 kleine Stange Lauch
ein Stück Sellerie
1 kleine Zwiebel
2 Lorbeerblätter
1 TL Pfefferkörner
200 ml Weißwein
1000 ml Wasser

Karkassen sorgfältig mit kaltem Wasser waschen, noch vorhandene Kiemen entfernen. Das Gemüse waschen, putzen, schälen und klein schneiden. Alles in einen großen Topf geben und mit Wein und Wasser auffüllen. Lorbeerblatt und Pfefferkörner zufügen.

Topfinhalt leise simmernd 45 min garen, aber nicht lange aufkochen lassen, sonst ist der Geschmack weg! Den Fond abschließend durch ein Sieb abseihen.

1000 ml fertiger Fischfond (siehe Grundrezept)
300 g Fischfilets (z.B. Renke, Forelle, Saibling, Hecht, Zander, Brachse, Barsch, Rotaugen)
Salz, Pfeffer
Worcestershiresauce,
1 Schuss Weißwein
1 rote Paprikaschote
einige Brokkoliröschen
1 Frühlingszwiebel
½ Bund Petersilie

Filets in Stücke schneiden, salzen, pfeffern, mit etwas Weißwein und Worcestershiresauce besprenkel und marinieren lassen. Brokkoli putzen, waschen und in kleine Röschen teilen. Paprikaschote waschen, von Strunk und Kernen befreien, dann in 1 cm breite Längsstreifen und anschließend in kleine Rauten schneiden. Kräuter und die Frühlingszwiebel waschen, klein schneiden.
Den Fischfond in einem Topf erwärmen. Fischstücke, Gemüse und Kräuter dazugeben und bis zum gewünschten Garpunkt ziehen lassen (nicht kochen). Die Suppe mit Salz, Pfeffer und etwas Worcestershiresauce abschmecken.

Zur Fischsuppe reicht man am besten knuspriges Weißbrot.

Fischerei Anton Ernst, Schondorf am Ammersee

Andi´s Ammersee-Aalsuppe

4 Personen:

600 g Ammersee-Aal (abgezogen und filetiert vom Fischer)
1 Zwiebel
½ Knoblauchzehe
200 g Paprika, rot
20 g Tomatenmark
1/2 Chilischote
Butterschmalz oder Öl
Salz, Pfeffer
400 ml Gemüse- oder Fleischbrühe/-fond
160 g Sellerie
250 g Kartoffelwürfel, gekocht
2 Tomaten
80 g Lauch
½ Bund Schnittlauch

Den Aal vom Fischer häuten und filetieren lassen und in 3–4 cm große Stücke schneiden. Tomaten blanchieren, abziehen und würfeln. Sellerie und Lauch in schmale Rauten schneiden und in kochendem Salzwasser bissfest garen, herausnehmen.

Zwiebel, Knoblauch, Chili und Paprika klein schneiden und zusammen mit dem Aal in heißem Fett anbraten, Tomatenmark unterrühren und mit Brühe/Fond aufgießen. Wenn der Aal gar ist, mit Salz und Pfeffer würzen und die Kartoffel- und Tomatenwürfel sowie die Lauch- und Sellerierauten in die Suppe geben. Abschmecken und mit Schnittlauchröllchen garniert servieren.

Als Beilage eignen sich Brot oder Baguette.

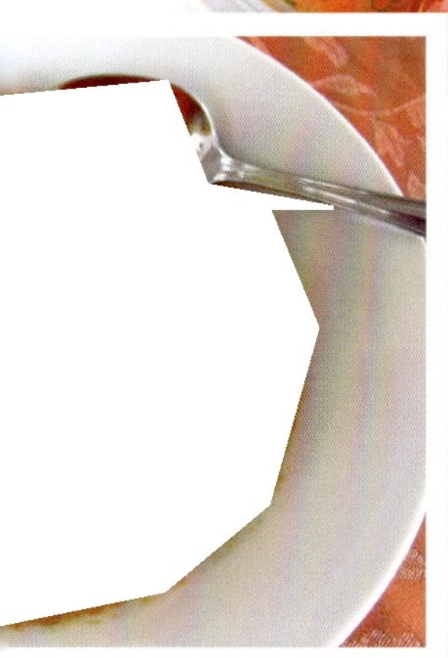

Fischerei Lorenz Schnieringer, Schlehdorf am Kochelsee

Äsche auf dem Gemüsebett

2 Personen:

2 Äschen, küchenfertig
Zitronensaft
Salz, Pfeffer
125 ml Weißwein
250 ml Gemüsebrühe
200 ml Sahne
Butter
3 Karotten
2 Lauchstangen

Ofen auf 200 Grad vorheizen. Karotten und Lauch waschen, putzen und in dünne Scheiben bzw. Ringe schneiden. Blech ausbuttern und das Gemüse darauf verteilen. Fische säubern, säuern, salzen, pfeffern und auf das Gemüsebett legen, Gemüsebrühe und Wein angießen. Blech in den vorgeizten Ofen schieben und nach 15 min die Sahne hinzugeben. Das Ganze weitere 15 min bräunen lassen und würzen.

Zur Äsche mit der Gemüsesauce schmecken Salzkartoffeln oder Baguette, Salat und ein Glas Weißwein.

Tipp: *Garprobe – Die Äsche ist gar, wenn sich die Rückenflosse leicht herausziehen lässt.*

Beim Hechtler

Fischerei Schretter (Inh. Albert Strobl), Schlehdorf am Kochelsee

Asiatisches Fischcurry vom Saibling

4 Personen:

600 g Saiblingsfilet mit Haut
5 EL Zitronensaft
2 EL Currypulver (mild oder scharf)
200g frische Champignons
1 Bund Frühlingszwiebeln
2 rote Chilischoten (frisch oder getrocknet)
1 Stück frischer Ingwer (walnussgroß)
5 EL Öl
1 ½ EL Mehl
je ½ TL Kreuzkümmel und Koriander, gemahlen
125 ml Fischfond oder Geflügelbrühe
125 ml Sahne
Salz, Pfeffer

Fischfilets beidseits mit Zitronensaft beträufeln, salzen, pfeffern und mit ca. 1 EL Currypulver bestreuen. Champignons abreiben, Stielenden abschneiden und blättrig schneiden. Frühlingszwiebeln putzen, waschen und schräg in 1 cm lange Stücke schneiden. Chilischoten längs halbieren, Kerne entfernen und in feine Ringe schneiden. Ingwer schälen und fein hacken.

2 EL Öl in einer großen Pfanne/Wok erhitzen, Pilze und Frühlingszwiebeln darin unter Rühren 3–5 min braten, herausnehmen und abgedeckt warm halten.
Das restliche Öl in die Pfanne geben und erhitzen. Fischfilets leicht mit Mehl bestäuben und rundum in etwa 5 min knusprig braten. Herausnehmen und ebenfalls warm stellen.

Ingwer und Chili ins Bratfett rühren, mit dem restlichen Currypulver, Kreuzkümmel und Koriander bestäuben und unter Rühren leicht anschwitzen. Brühe und Sahne angießen, kräftig aufkochen und mit Salz, Pfeffer und Zitronensaft abschmecken. Sauce sämig einköcheln lassen, zum Schluss das Gemüse darin schwenken und zusammen mit den Fischfilets anrichten.

Zu den Fischfilets mit der Gemüsesauce reicht man Baguette oder Reis.

Fischerei Lorenz Schnieringer, Schlehdorf am Kochelsee

Brat-Renken

5–6 Personen:

ca. 1500 g Renkenfilets oder kleine Renken ohne Kopf und Schwanz
Zitronensaft
Salz, Pfeffer
Mehl für die Panade
Pflanzenöl zum Braten

für den Sud:

125 ml Essig (5%ig)
250 ml Wasser
2 große Zwiebeln, in Ringe geschnitten
12 Pfefferkörner, schwarz
2 Lorbeerblätter
3 EL Senfkörner
3 Gewürznelken
6 Wacholderbeeren
1 EL Salz
1 TL Zucker
Saft einer halben Zitrone
250 ml Wasser
2 EL Speiseöl

Küchenfertige Renken bzw. Filets säubern und trocken tupfen, mit Zitronensaft beträufeln, salzen und pfeffern. In einer Bratpfanne Öl erhitzen, den Fisch in Mehl wenden und auf beiden Seiten goldbraun braten. Beiseite stellen.

Für den Sud Wasser und Essig in einen Topf geben, Zwiebelringe und Gewürze dazu geben und einmal aufkochen lassen. Vom Herd nehmen und abkühlen lassen. Die gebratenen Fische in ein geeignetes Gefäß (z.B. Glas) abwechselnd mit den Zwiebelringen einschichten, Öl in den Sud geben, kurz umrühren und lauwarm über den Fisch gießen. Die Bratrenken müssen mindestens 2 cm mit dem Sud bedeckt sein. Das Gefäß mit einem Deckel verschließen oder mit einem Tuch abdecken und circa 5 Tage zum Reifen kühl stellen, dann sind die Bratrenken verzehrsfertig.

Zu den Bratrenken passen besonders gut Röstkartoffeln oder frisches Bauernbrot sowie ein grüner Salat.

Bistro Aquadome

Bunte Fischspieße mit Rosmarinkartoffeln

pro Person:

1 Forellenfilet, in 6 Stücke geschnitten
1 Saiblingsfilet, in 6 Stücke geschnitten
2 Kirschtomaten
½ Zwiebel
6 rote und gelbe Paprikastücke
4 Scheiben Zucchini
Butterschmalz oder Öl zum Braten
Salz, Pfeffer
Rosmarin, Oregano
kleine Kartoffeln, vorgegart
1 EL Sauerrahm
1 EL Joghurt
Knoblauch, Basilikum, Petersilie – gehackt
2 Schaschlikspieße

Fisch und Gemüse abwechselnd auf die Spieße stecken, mit einem Zwiebelstück beginnen und abschließen mit einer Kirschtomate. Die Spieße rundum mit Salz, Pfeffer, Oregano und gehacktem Rosmarin würzen und in heißem Fett von allen Seiten vorsichtig braten. Die Spieße brauchen etwas Zeit zum Durchgaren und dürfen braun werden.

Zwischenzeitlich die Kartoffeln zusammen mit Rosmarinnadeln in einer Pfanne goldgelb braten, mit Salz und Pfeffer würzen. Aus Sauerrahm, Joghurt, Petersilie und Basilikum einen Dip herstellen und mit Salz, Pfeffer und Knoblauch abschmecken.

Die Spieße werden zusammen mit den Rosmarinkartoffeln angerichtet und mit dem Kräuterdip serviert.

Tipp: *Besonders gut schmecken die Spieße, wenn man sie 1 Tag vorher im Kühlschrank mit Olivenöl mariniert.*

Eingelegte Rotweinrenken

4 Personen:

6–8 Renkenfilets
konzentriertes Salzwasser

<u>für den Sud:</u>
5 mittelgroße Zwiebeln, in Halbringe geschnitten
¼ l Rotwein
¼ l Essig
200 g Zucker
ein paar Pfefferkörner
2 Gewürznelken
4 Wacholderbeeren
1 kleines Stück frischer Ingwer
½ TL Senfkörner
2 Lorbeerblätter

Renkenfilets 2 Stunden in konzentriertes Salzwasser einlegen. Aus Rotwein, Essig und den Gewürzen einen Sud herstellen und unter Rühren aufkochen, bis der Zucker gelöst ist. Dann die Zwiebeln hinzugeben und 5 min köcheln, den Sud anschließend erkalten lassen. Die Renkenfilets abspülen und mit dem Zwiebelsud in ein Glas füllen, verschließen und 2 Tage im Kühlschrank durchziehen lassen.

Zu den Rotweinrenken passt kräftiges Bauernbrot, auch Kartoffeln schmecken gut dazu.

Fisch in der Salzkruste

4 Personen:

1 ganzer Fisch (ca. 1 kg), z.B. Brachse
½ TL Fenchelsamen
½ Bund Petersilie
1 Knoblauchzehe
1 Scheibe Ingwer
2 Thymianzweige
1 Zitrone
2 kg grobes Meersalz
5 Eiweiße

Das Eiweiß mit dem Meersalz in einer großen Schüssel zu einer Masse verkneten. Die Hälfte der Masse kommt auf ein Backblech und wird in der Größe des Fisches etwas flachgedrückt. Knoblauch, Gewürze und Kräuter fein hacken, Zitronenschale und Zitronensaft dazugegeben. Alles gut miteinander vermengen.
1/3 der Kräutermarinade wird zusammen mit Zitronenscheiben in den Fisch geben, das zweite 1/3 auf dem vorbereiteten Salzbett verteilen. Darauf dann den Fisch legen und mit dem letzten 1/3 der Kräutermarinade bestreichen. Den Fisch nun mit der restliche Salzmasse gut bedecken und andrücken, so dass er komplett im Salzmantel verschwindet. Das Backblech in den noch kalten Ofen schieben und den Fisch bei 200° C ca. 50–60 min garen. Die Salzkruste muss braun und hart werden. Der fertige Fisch wird durch vorsichtiges Klopfen, Schneiden und Heben der Salzkruste freigelegt.

Zum saftigen Fisch schmecken Salzkartoffeln und zerlassene Butter.

Tipp: *Zum Aufschneiden der Salzkruste sollte ein stabiles Messer verwendet werden, denn sie ist sehr hart!*

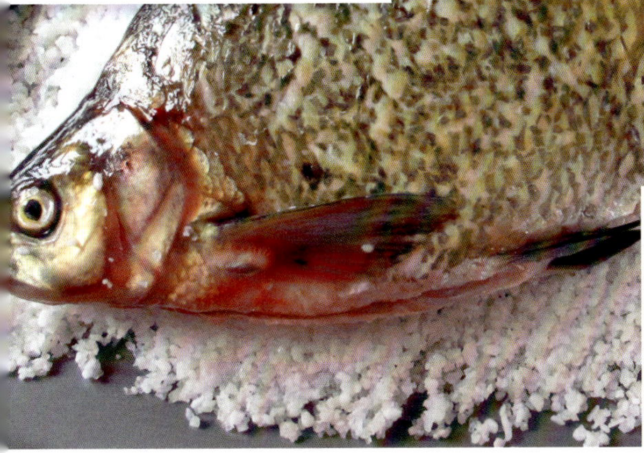

Pension
Bootsverleih-Fischerei
SCHWARZ

Fischerei Schwarz, Schondorf am Ammersee

Fischfilets in Dillsauce aus dem Rohr

2 Personen:

4 Fischfilets mit Haut (Renke oder andere)
200 ml Sahne
100 ml trockener Weißwein
100 ml Wasser
1 Bund Dill, fein geschnitten
Salz, Pfeffer
Soßenbinder (Klassische Mehlschwitze hell zum Einrühren)
evtl. Fischfond

Fischfilets waschen, trockentupfen, innen salzen und pfeffern, auf der Haut nur salzen. Nun die 0,4 l Dillsauce im Topf vorbereiten. Dazu die Sahne erwärmen, je 100 ml Weißwein und Wasser dazugeben. Anteile der Sahne können auch durch Milch ersetzt werden. Zusätzlich kann auch Fischfond dazugegeben werden. Den fein geschnittenen Dill zugeben, mit Salz und Pfeffer abschmecken. Die fast kochende Sauce mit Soßenbinder nach Packungsanleitung andicken.

Jetzt etwas Sauce in eine Reine geben, die Fischfilets mit der Haut nach oben darauf legen und mit restlicher Sauce übergießen, sie sollten gut bedeckt sein. Bei 175°C Heißluft im Ofen ca. 25–30 min garen.

Zu den Filets in Dillsauce schmeckt ein Erbsen-Reis.

Beim Hechtler

Fischerei Schretter (Inh. Albert Strobl), Schlehdorf am Kochelsee

Fischgratin-Variationen – mit Tomaten / Champignons

4 Personen:

1. Variante – mit Tomaten:

600 g Fischfilet, z.B. Forelle, Renke, Saibling
2 EL Zitronensaft
600 g Tomaten
1 großer Bund Basilikum
2 Kugeln Mozzarella à 125 g
4 EL Olivenöl
Salz, Pfeffer aus der Mühle

Fischfilets mit Zitronensaft beträufeln und salzen, Backofen auf 220 Grad vorheizen. Tomaten waschen und in dünne Scheiben schneiden, Stielansätze entfernen. Basilikumblätter abzupfen und in feine Streifen schneiden, einige Blättchen für die Garnitur beiseitelegen. Mozzarella in dünne Scheiben schneiden. Fischfilets auf ein gefettetes Backblech legen, mit Tomatenscheiben belegen, salzen und pfeffern und mit dem Basilikum bestreuen. Mozzarella darauf verteilen und mit Olivenöl beträufeln. Das Gratin auf mittlerer Schiene ca. 20 min backen, bis der Käse zerlaufen und leicht gebräunt ist.

Das fertige Gratin mit dem restlichen Basilikum ausdekorieren und knuspriges Weißbrot oder Reis dazu reichen.

2. Variante – mit Champignons

500 g Champignons in dickere Scheiben schneiden und auf den Fisch schichten. 125 g Mozzarella, 50 g geriebenen Käse (z.B. Pecorino oder Emmentaler), 50 g Semmelbrösel, 1 Schuss Rahm und ½ Bund gehackte Petersilie mischen und auf dem Fisch verteilen. Mit ein paar Butterflöckchen belegen und backen wie oben.

Tipp: *Natürlich können Sie auch beide Varianten auf einem Backblech zubereiten. Das wäre dann die 3. Variante!*

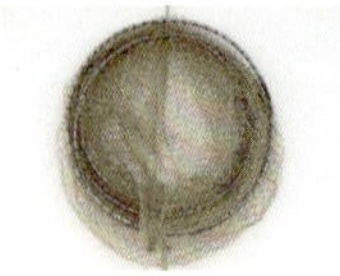

Fischerei Luidl (Inh. Leonhard Helfert), Schlehdorf am Kochelsee

Fischnockerln vom Kochelsee

4 Personen als Vorspeise:

60 g Butter
2 Eier
2 EL Mehl
1 Bund Petersilie (fein gewiegt)
100 g Fischfilet
50 g Semmelbrösel
1 Knoblauchzehe, fein gehackt
Salz, Pfeffer, Muskatnuss
¾ l gesalzenes Wasser oder Gemüsebrühe mit Lorbeerblatt und Wacholderbeeren

Das Fischfilet in einem Mixer nach und nach fein pürieren. Butter separat schaumig rühren und mit Eiern, Mehl, Semmelbrösel, der Fischmasse, Petersilie und Knoblauch zu einem Teig vermengen, mit Salz, Muskatnuss und Pfeffer würzen.

Aus dieser Masse formt man nun mit zwei nassen Teelöffeln kleine Nockerln und gibt sie in die einmal aufgekochte Brühe, darin lässt man sie 10 Minuten ziehen (nicht mehr kochen!). Nockerln mit einer Schaumkelle herausnehmen und auf einem Küchenpapier abtropfen lassen.

Als Beilage zu den Fischnockerln schmecken Blattspinat und Möhren gut.

Tipp: *Der Fisch sollte beim Pürieren möglichst eiskalt sein!*

Tipp: *Die Nockerln eignen sich auch sehr gut als Suppeneinlage!*

Bistro Aquadome

Forellenfilets in der Folie mit Spinat, Tomate und Feta

pro Person:

3–4 kleine Filets ohne Haut (z.B. Forelle, Saibling, Renke)
100 g Blattspinat
3–4 Kirschtomaten, halbiert
50 g Feta, gewürfelt
3 TL Sahne
3 TL Schmand
2 EL Butter, flüssig
ca. 5 EL Gemüsebrühe
1–2 Knoblauchzehen
Salz, Pfeffer
2 Bogen Alufolie

Den geputzten Spinat in etwas Butter kurz andünsten, mit Salz, Pfeffer und Knoblauch würzen. Schmand und Sahne gut miteinander verrühren. Filets salzen, pfeffern und nebeneinander leicht überlappend auf ein großes Stück Alufolie legen. Ein paar Knoblauchscheiben, den Spinat und die Tomatenhälften dekorativ darauf verteilen, den Feta in die Mitte setzen und mit der Schmand-Sahnemischung bedecken. 2 EL zerlassene Butter über den Fisch geben und abschließend die Gemüsebrühe angießen. Nun die Filets gut in der Alufolie verschließen und das Packerl nochmal mit dem zweiten Bogen Folie ummanteln, damit nichts auslaufen kann. Das Ganze gart dann etwa ½ Stunde im auf 200 Grad vorgeheizten Backofen und wird direkt in der geöffneten Alufolie und mit Pfeffer aus der Mühle serviert.

Zu den Fischfilets in der Folie schmeckt frisches Baguette gut.

Bistro Aquadome

Fischerei Tegernsee, Michael Ostermaier, Bistro Aquadome Bad Wiessee

Gebeizte Lachsforelle mit Senf-Dill-Sauce und Reiberdatschi

pro Person:

ca. 150 g gebeizte Lachsforelle, in feine Scheiben geschnitten
1–2 Reiberdatschi, frisch oder TK
Öl zum Braten
frischer Dill
Zitronenspalte
2 EL Senf-Dill-Sauce

Für dieses schnelle und köstliche Gericht werden die Lachsforellentranchen dekorativ auf dem Teller angerichtet und mit Zitrone und Dill ausgarniert. Dazu serviert man gebratene Reiberdatschi und die Senf-Dill-Sauce.

Tipp: *Auch als kleine Vorspeisenportion oder Partyhappen ein Genuss!*

Gebeizte Seeforelle „graved Art“

8 Personen:

ca. 1 kg frisches Seeforellenfilet mit Haut (2 Stück)
1,5 EL Zucker
2 EL grobkörniges Salz
1 TL weißer Pfeffer, aus der Mühle
3 Bund Dill
Zitrone zum Garnieren

Senf-Dill-Sauce:

4 EL scharfer Senf
3 EL Zucker
2 EL Weinessig
5 EL Öl
4 EL frische Dillspitzen, fein gehackt.

Zucker und Salz mischen, etwas davon in eine rechteckige tiefe Glas- oder Porzellanform geben. Filet mit der Hautseite nach unten auflegen. Den Fisch mit reichlich Zucker-Salz-Gemisch bestreuen, weißen Pfeffer darüber mahlen und kleingeschnittenen Dill großzügig auf dem Filet verteilen. Das zweite Filet darauflegen, mit der restlichen Zucker-Salz-Mischung bestreuen und mit Alufolie abdecken. Das Ganze beschweren, beispielsweise mit Konservendosen.

Die gebeizte Seeforelle sollte nun 2 Tage im Kühlschrank ziehen, ab und zu wenden. Zum Anrichten den Fisch auf ein Brett legen, Gewürze abschaben und das Filet mit einem sehr scharfen Messer schräg in feine Scheiben schneiden. Dazu die Senf-Dill-Sauce servieren und mit Zitrone und einem Zweig Dill garnieren.

Zur gebeizten Seeforelle schmeckt knuspriger Toast besonders gut.

Tipp: *Das Rezept lässt sich auch prima mit Saibling zubereiten!*

Fischerei Schwarz, Schondorf am Ammersee

Gebratene Renke mit Pellkartoffeln und Buttersauce

pro Person:

1 Renke, küchenfertig
Butter(schmalz)
Salz, Pfeffer

Renke waschen, trockentupfen, innen salzen und pfeffern, außen salzen. In einer Teflonpfanne Butter(schmalz) erhitzen und die Renke auf jeder Seite ca. 10 min goldgelb bei guter Mittelhitze braten. Die Pfanne soll beschichtet sein, damit die Haut nicht festklebt.

Als Beilage zur gebratenen Renke eignen sich gut Pellkartoffeln und zerlassene Butter.

Tipp: *Die Renke ist gar, wenn das Auge einer weißen Perle gleicht.*

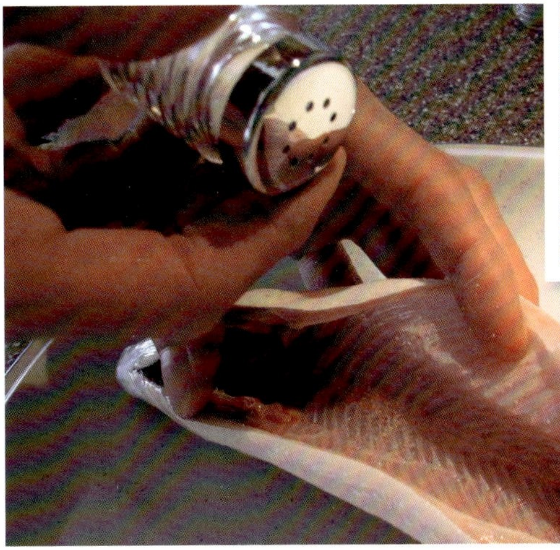

Fischerei Johann Rieger, Walchensee

Gefüllte Speck-Renken aus dem Rohr

4 Personen:

4 bratfertige Renken
Salz, Pfeffer
60 g Doppelrahmfrischkäse
2 EL Milch
1 Knoblauchzehe, fein gehackt
4 TL Dill, fein geschnitten
4 TL Petersilie, gehackt
100 g durchwachsener Speck in dünnen Scheiben
2 Schalotten, gewürfelt
1 EL Butter
1/8 l Gemüsebrühe
4 Nadeln Rosmarin, gehackt

Backofen auf 200 Grad vorheizen. Renken auswaschen, trocken tupfen und innen salzen und pfeffern. Frischkäse mit Milch, Knoblauch und den Kräutern verrühren und die Masse in die Bauchhöhlen der Fische streichen. Renken mit den Speckscheiben umwickeln und nebeneinander in eine feuerfeste Form legen. Im Rohr circa 35 min (je nach Größe) garen.
Zwischenzeitlich die Schalottenwürfel in Butter glasig dünsten und die Gemüsebrühe mit dem Rosmarin 5 min in einem offenen Topf leicht einkochen lassen. Brühe zu den Schalottenwürfeln geben und den Sud 10 min vor Ende der Garzeit über die Fische träufeln.

Zu den Speck-Renken können Sie Baguette und einen grünen Salat reichen.

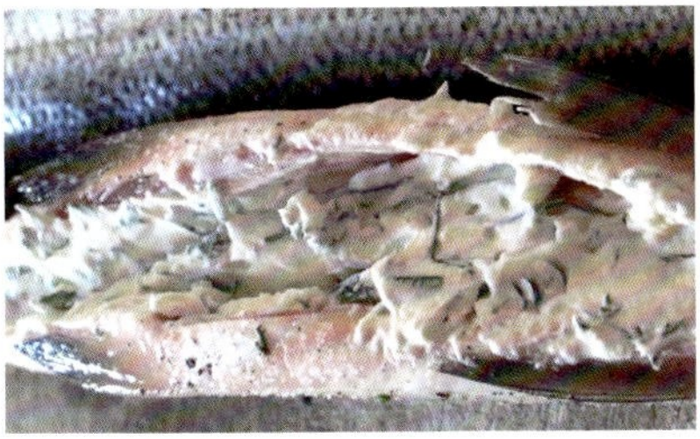

Fischerei Simon Rauch (Inh. Petra Rauch), Dießen am Ammersee

Geräucherte Renkenfilets mit Gemüse-Brot-Salat

2 Personen:

200–250 g geräucherte Renkenfilets ohne Haut
4 Scheiben Weißbrot, 1–2 Tage alt
1 Knoblauchzehe
4–5 EL Olivenöl
4 schnittfeste Tomaten (ca. 300 g)
150 g Zucchini
1 kleine rote Zwiebel
2 Portionen Feldsalat
2 EL weißer Balsamicoessig
Salz, Pfeffer aus der Mühle
1 EL Butter

Brot und Knoblauch würfeln. In einer Pfanne 2 EL Olivenöl erhitzen, Brot und Knoblauch darin goldbrau rösten und aus der Pfanne nehmen. Gemüse waschen, Tomaten achteln und Zucchini in Scheiben schneiden. Zwiebel in dünne Ringe schneiden. Feldsalat waschen und trocknen.

Die Marinade aus Essig, Öl, Salz, Pfeffer (evtl. noch ein TL scharfer Senf) anrühren und die Renkenfilets mit ein paar Butterflöckchen in einer Alufolie bei 150 Grad Umluft kurz erwärmen. Die Marinade mit den Salatzutaten vermischen, auf einem Teller anrichten und in die Mitte die Brotwürfel und die warmen Filets setzen.

Dieser Salat schmeckt nicht nur im Sommer gut!

Fischerei Lorenz Schnieringer, Schlehdorf am Kochelsee

Hecht „blau"

4 Personen:

1 küchenfertiger Hecht, ca. 1000–1500 g

für den Sud zum Blaukochen:

2 l Wasser
250 ml weinwürziger Essig
1 Karotte, in Stücke geschnitten
1 Lauchstange, in Ringe geschnitten
1 Stück Sellerie, in Stücke geschnitten
1 Zwiebel, in Ringe geschnitten
2 EL Salz
1 TL Nelken
2-3 Lorbeerblätter
4 Wacholderbeeren

Die Zutaten für den Fischsud ins Wasser geben und das Ganze ½ Stunde köcheln lassen. Die Hitze drosseln und den innen und außen gut abgespülten Hecht in den Sud einlegen. Fisch darin unter dem Siedepunkt ca. 15–20 min gar ziehen lassen und mit dem Wurzelgemüse servieren.

Zu diesem Hechtgericht schmecken Butterkartoffeln und ein gemischter Salat sehr gut.

Tipp: *Man kann auch einen Schuss Weißwein in den Sud geben.*

Fischerei Manfred Kneidl, Kochel

Hechtfilet in Bärlauch-Kresse-Butter

4 Personen:

800 g Hechtfilet mit Haut
Salz, Pfeffer
Bratfett
Mehl zum Bestäuben
2 EL Bärlauch, fein geschnitten
2 EL Kresse
80 g Butter
Zitronenscheiben und Tomaten als Garnitur

Hechtfilets abspülen, trocken tupfen, von beiden Seiten pfeffern und salzen und leicht mit Mehl bestäuben. In heißem Fett von beiden Seiten kross ausbraten. Butter in einem kleinen Töpfchen zerlassen und die gehackten Kräuter unterziehen. Beim Anrichten den Fisch mit der Bärlauch-Kresse-Butter nappieren und mit Tomatenachteln und Zitronenscheiben dekorieren.

Als Beilage zum Hecht in Kräuterbutter passen in Butter geschwenkte Petersilienkartoffeln und ein grüner Salat.

Karpfen auf ungarische Art

4 Personen:

1 Karpfen, filetiert ohne Haut
Salz, Pfeffer, Paprikapulver
1 Zwiebel, fein gewürfelt
1 rote Paprikaschote, fein gewürfelt
Fett zum Braten
1 Becher saure Sahne
Auflaufform

Zwiebeln in etwas Fett anschwitzen, die Paprikawürfel hinzugeben und kurz mit dünsten. Karpfenfilets abspülen, trocken tupfen, in Portionsstücke schneiden, von beiden Seiten pfeffern, salzen und mit Paprikapulver bestäuben.
Einen Teil der Gemüsewürfel auf dem Boden einer Auflaufform verteilen, die Fischstücke darauf setzen und mit dem restlichen Gemüse bedecken. Anschließend den Sauerrahm mit Pfeffer würzen, in Nocken auf dem Ganzen verteilen und bei 150 Grad Heißluft im Rohr circa 20–30 min garen.

Zum ungarischen Karpfen schmecken Petersilienkartoffeln oder frisches Baguette.

Karpfensalat mit buntem Gemüse

4 Personen:

800 g Karpfenfilet ohne Haut
je 1 rote, gelbe und grüne Paprikaschote
½ rote Zwiebel
Salz, Zucker
Salatöl und Weinessig

Paprikaschoten und Zwiebel in Streifen schneiden und mit einer Marinade aus 1 Tasse Wasser, Salz, Zucker, Öl und Weinessig vermischen, kühl stellen. Den Fischsud ansetzen, kurz aufkochen und zum Abkühlen beiseite stellen. In der Zwischenzeit die Karpfenfilets in Gabelbissen (etwa ½ cm breit und 2–3 cm lang) schneiden und in den noch lauwarmen Sud einlegen. Die eingelegten Gabelbissen und die marinierten Paprikaschoten bleiben ca. 24 Stunden im Kühlschrank. In dieser Zeit löst der Essig den Kalk aus den Gräten und sie werden weich. Abschließend die Gabelbissen aus dem Sud nehmen, abtropfen lassen, mit den Paprikastücken vermischen, abschmecken und als Salat servieren.

Zum erfrischenden Karpfensalat schmeckt frisches Baguette sehr gut.

für den Fischsud:

250 ml Weinessig
500 ml Wasser
2 EL Salz
3 Lorbeerblätter
10 Wacholderbeeren
1 TL Senfkörner

Fischerei Simon Rauch (Inh. Petra Rauch), Dießen am Ammersee

Mousse von der geräucherten Forelle

2 Personen:

1 große geräucherte Forelle, ca. 800 g (oder Renke)
1/2 Bund glatte Petersilie, gehackt
etwas Dill, gehackt
4 EL Schmand (gut gekühlt)
100 ml Sahne (gut gekühlt)
2–3 TL frisch geriebener Meerrettich
2 EL Limetten- oder Zitronensaft
2–3 Frühlingszwiebeln
Salz, Pfeffer aus der Mühle

Den Fisch filetieren, grob zerrupfen und in eine Schüssel geben. Petersilie, Dill, Schmand, Sahne, Meerrettich, Limettensaft, Salz und Pfeffer dazu geben und alles cremig pürieren. Frühlingszwiebel in feine Ringe schneiden, 2–3 EL davon unter die Masse ziehen und den Rest als Garnitur auf die Mousse geben.

Zur Mousse vom Räucherfisch passen deftiges Bauernbrot und ein paar Tomaten.

Fischerei Manfred Kneidl, Kochel

Renkenfilets in Schnittlauch-Sahnesauce

4 Personen:

8 Renkenfilets mit Haut
Salz, Pfeffer
Mehl zum Bestäuben
Fett zum Braten
4 EL Schnittlauchröllchen
400 ml Sahne
Zitronenscheiben als Garnitur

Renkenfilets abspülen, trocken tupfen, von beiden Seiten pfeffern und salzen und leicht mit Mehl bestäuben. In heißem Fett von beiden Seiten kross braten, aus der Pfanne nehmen und warm stellen. Den Schnittlauch in die Pfanne geben und kurz angehen lassen, mit der Sahne ablöschen und die Sauce etwas einreduzieren lassen. Mit Salz und Pfeffer abschmecken, die Renkenfilets wieder einlegen und kurz ziehen lassen.

Zu den Renkenfilets in der Schnittlauch-Sahnesauce serviert man am besten Salzkartoffeln und einen frischen Salat, beispielsweise Feldsalat.

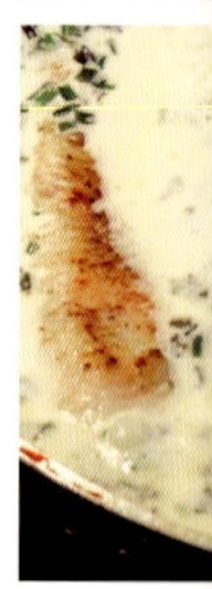

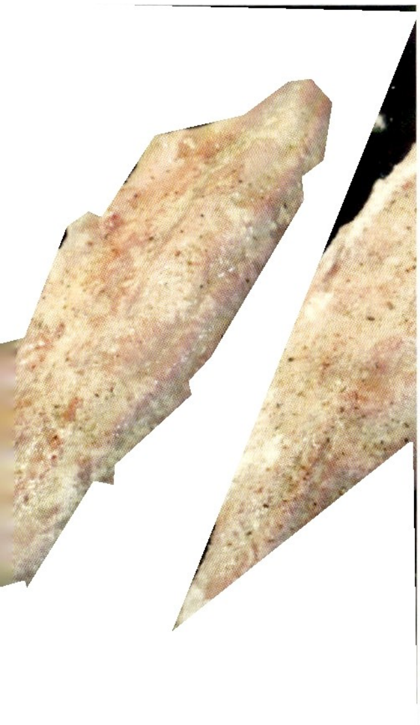

FISCHVERKAUF

Fischerei Gastl, Barbara Mastaller-Gastl, Dießen am Ammersee

Renkenfilets mit Zwiebeln und Curry

4 Personen:

8 frische Renkenfilets mit Haut
2 mittelgroße Zwiebeln, in Ringe geschnitten
eine Handvoll Mandelblättchen
1/8 l Sahne
etwas Mehl
Öl oder Butterschmalz
Saft einer Zitrone
Ingwer, gerieben
Curry, Salz und Pfeffer

Renkenfilets waschen und 10 min in den Zitronensaft legen, anschließend herausnehmen, abtupfen und mit Salz, Pfeffer und Curry von beiden Seiten würzen. Filets in einer Pfanne mit etwas Öl oder Butterschmalz von jeder Seite etwa 2 min anbraten, herausnehmen und warm stellen.
Die Zwiebelringe gut in Mehl wenden und in einer Pfanne mit etwas mehr Fett kross braten, herausnehmen. Überschüssiges Fett abgießen, Mandeln und Fisch hinzugeben, Sahne aufgießen, kurz aufkochen und mit geriebenem Ingwer, Curry, Salz und Pfeffer abschmecken. Die krossen Zwiebeln werden auf den Filets angerichtet.

Zu diesem Gericht serviert man gerne Reis oder Nudeln.

Tipp: *Man kann der Sauce auch einen Schuss Weißwein oder Fond hinzufügen.*

Saibling auf mediterranem Gemüse

4 Personen:

1 Saibling, küchenfertig (oder Zander, Forelle, Hecht)
250 g Zucchini
250 g Fenchelknollen
250 g Auberginen
250 g frische Champignons
2 Cocktailtomaten, geviertelt
1 Knoblauchzehe
100 ml trockener Weißwein
100 ml Wasser
Olivenöl
Kräuter der Provence
Salz, Pfeffer
Fettpfanne
Alufolie

Auberginen waschen, in Würfel schneiden und salzen. Zucchini, Fenchelknolle und Pilze waschen und in Scheiben schneiden. In eine Fettpfanne Olivenöl geben, darauf das geschnittene Gemüse und die geviertelten Cocktailtomaten verteilen. Gepressten Knoblauch und die Kräuter der Provence darüber geben und das Ganze salzen, pfeffern und mit Weißwein und Wasser übergießen. Den Fisch innen und außen waschen, trockentupfen, innen salzen und pfeffern, außen nur salzen. Jetzt den Fisch quer über das Gemüse legen und mit gefetteter Alufolie abdecken. Diese in der Mitte einmal zusammenlegen und wieder öffnen, damit sie wie ein Dach über dem Fisch steht, so kann die Folie am Fisch nicht ankleben.

Fisch nun je nach Größe (ein 500 g-Fisch ca. 50 min, ein 1000–1500 g-Fisch ca. 75 min) bei 175°C Heißluft im Backrohr garen. Bei Bedarf kann während des Garprozesses noch Flüssigkeit (Weißwein/Wasser) zugegeben werden.

Zum Saibling mit mediterranem Gemüse isst man am besten frisches Baguette und lässt sich ein Glas Wein schmecken.

Fischerei Tegernsee

Saiblingskaviar auf Mangospalten

2 Personen – Vorspeise:

100 g Kaviar vom Saibling (oder Renke, Forelle)
1,6 g Zucker
4 g Salz
ca. 1 TL Zitronensaft
2 EL Crème fraîche
½ Mango, reif
Pfeffer aus der Mühle

Kaviar, Zucker, Salz und Zitronensaft in einer Schüssel vorsichtig verrühren und 10 min ziehen lassen. Anschließend in ein Küchensieb geben und abtropfen lassen. Zwischenzeitlich die Mango schälen und in feine Spalten schneiden. Fächerförmig auf einem Teller anrichten, einen Löffel Crème fraîche aufsetzen und den gewürzten Kaviar darauf anrichten. Abschließend frischen Pfeffer aus der Mühle darüber mahlen.

Tipp: *Frischen Kaviar unserer heimischen Fische bekommt man vorwiegend im November und Dezember. Fertig gewürzt (s.o.) kann man ihn auch portionsweise gut einfrieren und das ganze Jahr über genießen!*

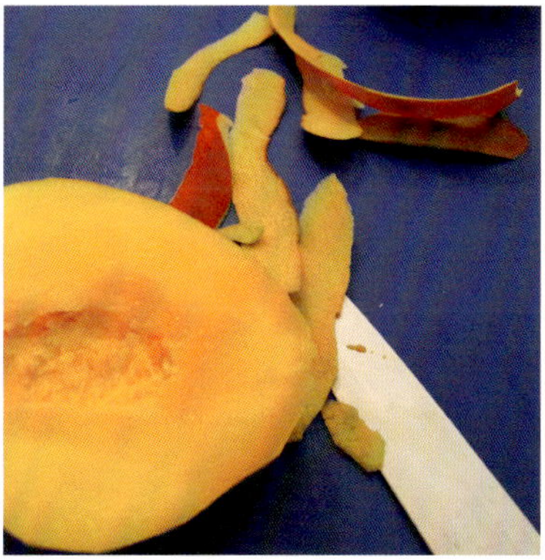

Fischerei Tegernsee

Fischerei Tegernsee, Simpert Ernst, Fischgeschäft Tegernsee

Saiblingstatar auf asiatische Art an Sojasaucen-Reduktion

2 Personen – als Vorspeise:

250–300 g Saiblingsfilet ohne Haut
½ Schalotte, sehr fein gewürfelt
1 EL Petersilie, fein gehackt
½ TL grober Senf
1 Prise Salz
Pfeffer aus der Mühle
1 EL Sesamöl
1 Spritzer Limettensaft
2 EL Sesamsaat

Sojasaucen-Reduktion:

1 Espressotasse dunkle Sojasauce
1 EL eingelegter Ingwer, fein gehackt
1 TL Wasabi
1–2 TL Honig
Alle Zutaten in einer kleinen Pfanne erhitzen und unter Rühren einköcheln lassen. Die Sauce ist sehr intensiv, deshalb wird sie nur in kleiner Menge zum Tatar gereicht.

Saiblingsfilet zuerst in Streifen und dann in kleine Würfel schneiden. Zusammen mit den Schalottenwürfeln, der gehackten Petersilie, dem Senf, Pfeffer aus der Mühle und einer kleinen Prise Salz (Achtung, die Sojasaucen-Reduktion ist sehr salzig!) vermengen. Die Masse nochmal durchhacken, 1 EL Sesamöl und einen Spritzer Limettensaft hinzufügen, durchrühren und abschmecken. Sesam in einer beschichteten Pfanne trocken anrösten bis er goldbraun ist. Tatar zum Anrichten in einen Ring drücken, diesen vorsichtig abziehen. Tatar mit Sesam betreuen und einem Petersilienblatt ausgarnieren. Dazu reicht man ein paar Tropfen der Sojasaucen-Reduktion (Achtung, sehr salzig!).

Zum Tatar mit der Sojasaucen-Reduktion schmecken angeröstetes Bauerbrot, Toast oder Baguette.

Tipp: *Wenn das Saiblingsfilet leicht angefroren ist, lässt es sich besser schneiden!*

Tipp: *Man kann das Tatar auch mit einem Spritzer Weißwein und/oder Noilly Prat abschmecken.*

Tipp: *Auch der Saiblingskaviar von Seite 80 passt hervorragend zum Tatar!*

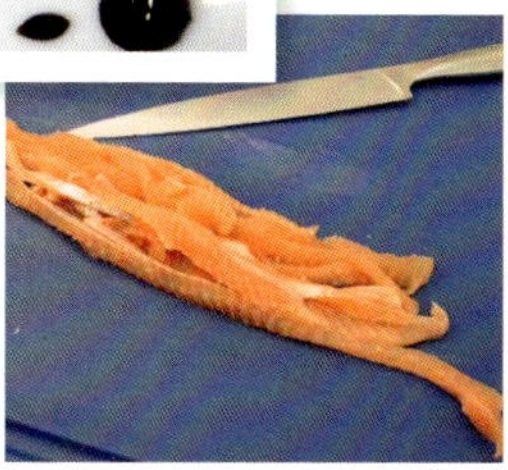

Saltimbocca von der Renke mit Limettencreme

pro Person:

2 Renkenfilets ohne Haut
2 Scheiben Parma- oder Serranoschinken
1 Rispe Cocktailstrauchtomaten
8–10 frische Salbeiblätter
4 Zahnstocher
etwas Olivenöl zum Braten
3 TL Butter
½ Limette, Saft
1 EL Schmand oder Crème fraîche
½ Tasse Reis mit Wildreis
Salz, Pfeffer aus der Mühle

Renkenfilets abspülen, trockentupfen, quer halbieren und pfeffern. Kaum salzen, da der Schinken salzig ist. Schinken ebenfalls halbieren, auf jedes Fischstück ein Stück Schinken sowie ein Salbeiblatt legen und mit einem Zahnstocher feststecken. Den Reis nach Packungsanleitung zubereiten. Schmand mit Limettensaft cremig rühren und mit Salz und Pfeffer abschmecken.

In einer Pfanne die Tomatenrispe in 1 TL Butter und geschnittenem Salbei angehen lassen, salzen, kurz vor Schluss die restliche Butter und einen Spritzer Limettensaft hinzufügen und aufschäumen lassen. Parallel dazu etwas Olivenöl in einer zweiten Pfanne erhitzen und die Päckchen darin zunächst auf der Schinkenseite 1–2 min braten, wenden, Pfanne vom Herd nehmen und Fisch kurz gar ziehen lassen.

Das Saltimbocca wird mit Reis und den Tomaten angerichtet, mit der Salbeibutter nappiert, dazu reicht man die Limettencreme.

Tipp: *Wer den Schinken etwas dominanter mag, nimmt etwas mehr und wickelt Fisch und Salbei darin ganz ein.*

Fischerei Schretter (Inh. Albert Strobl), Schlehdorf am Kochelsee

Seehecht mit Rosmarin und Sardellen

4 Personen:

1 Seehecht (etwa 1 kg), küchenfertig vorbereitet
2 frische Zweige Rosmarin
2 Zitronen
6 eingelegte Sardellenfilets
2 Knoblauchzehen, fein gehackt
4 EL frisch geriebene Semmelbrösel
ca. 125 ml Olivenöl
Salz, Pfeffer aus der Mühle

Fisch innen und außen salzen und pfeffern. Eine flache ofenfeste Form mit 2 EL Olivenöl ausstreichen, den Rosmarin hineinlegen. Ofen auf 175 Grad vorheizen. Die Sardellenfilets gründlich abspülen, trocknen und klein schneiden. In einem Töpfchen mit 2–3 EL Olivenöl vorsichtig erwärmen, mit der Gabel zerdrücken und zu einer Creme rühren. Den gehackten Knoblauch unterziehen und mit 2–3 EL Zitronensaft abschmecken.

Den Hecht innen mit einem Teil der Sardellencreme ausstreichen und in die Form auf die Rosmarinzweige setzen. Restliche Creme darüber träufeln. Den Fisch mit den Semmelbröseln betreuen und mit dem restlichen Olivenöl beträufeln. Hecht – je nach Größe – im vorgeheizten Backofen circa 40 min garen und mit Zitronenschnitzen garniert servieren.

Zu diesem Gericht schmecken Baguette oder Salzkartoffeln

Tipp: *Garprobe – Der Hecht ist gar, wenn sich die Rückenflosse leicht herausziehen lässt.*

Staffelsee-Fischsülze

4 Personen:

4 küchenfertige Renken
Butterschmalz
doppelgriffiges Mehl
4 Beutel Sülzepulver, klar
500 ml Essig
1500 ml Wasser
2 rote Spitzpaprika
2 Möhren
1 Zwiebel
2 EL Wacholderbeeren
4 Lorbeerblätter
Pfeffer, Salz, Prise Zucker, Flüssigwürze nach Geschmack
4 große tiefe Teller

Renken abspülen, trocken tupfen, mit Salz und Pfeffer würzen und beidseits in doppelgriffigem Mehl wenden. In einer Pfanne reichlich Butterschmalz erhitzen und die Fische darin von beiden Seiten goldbraun braten, circa 5 min pro Seite. Nicht zu früh und möglichst nur einmal wenden. Renken erkalten lassen und anschließend an der Mittelgräte entlang der Länge nach halbieren.

Paprika und Zwiebel in Ringe, Karotten in Scheiben schneiden. Die Sülze nach Packungsanleitung zubereiten, dabei zerdrückte Wacholderbeeren und Lorbeerblättern mit ziehen lassen, mit Salz, Pfeffer, einer Prise Zucker und nach Geschmack Flüssigwürze abschmecken.

Je zwei halbe Renken in einen tiefen Teller legen und mit der Sülzenflüssigkeit komplett bedecken, Gemüse dekorativ dazu geben und einige Stunden kalt stellen.

Zur Sülze serviert man Brot oder Bratkartoffeln.

Tipp: *Die Sülze lässt sich auch wunderbar mit Renkenfilets zubereiten!*

Sülzepulver
klar

Weißfischfilet-Röllchen in Gruyère-Rahm-Sauce

2–4 Personen:

4 Weißfischfilets, vom Fischer mit der Grätenschneidemaschine eingeschnitten
100 g geriebener Gruyère-Käse
200 g Crème fraîche (Doppelrahmstufe)
1 Zitrone, Saft
Salz, Pfeffer
4 Rouladenklammern oder Zahnstocher

Fischfilets salzen und pfeffern. Etwas geriebenen Käse und einige Crème fraîche-Tupfer auf den Filets verteilen, verstreichen. Filets zusammenrollen und mit einer Rouladenklammer oder einem Zahnstocher fixieren.

In einem Topf Zitronensaft, restliche Crème fraîche und Käse vermengen und mit Salz und Pfeffer abschmecken. Filetröllchen darauf setzen und bei geschlossenem Deckel, leise simmernd, ca. 25 min garen.

Zu diesem Gericht passen Salzkartoffeln oder Reis und eine Salatbeilage.

Fischwirtschaftsmeister Ludwig Koch, Kampberg

Weißfisch-Kraut-Topf

6 Personen:

1000 g Weißfischfilets ohne Haut
1 kleiner Kopf Weißkraut
250 g Wammerl
2 altbackene Semmeln, grob geschnitten
2 Zwiebeln, geviertelt
2 Eier
circa 150 ml Milch
etwas Butter
4 EL Petersilie, gehackt
Salz, Pfeffer
Chili- und Paprikapulver nach Geschmack
außerdem: Fleischwolf, ofenfester Topf oder Reine

Den Krautkopf in Blätter zerlegen, die Mittelrippen herausschneiden und in kochendem Salzwasser bissfest garen. Herausnehmen, beiseite stellen und das Wasser aufheben. Die Semmelwürfel in Milch einweichen, Fischfilets längs halbieren, Wammerl in grobe Würfel schneiden. Den Fisch in einer großen Schüssel kräftig mit Salz, Pfeffer und nach Geschmack Chili und Paprika würzen, ausgedrückte Semmeln, Zwiebel- und Wammerlstücke unterheben. Die Mischung nun zweimal durch den Fleischwolf drehen, anschließend Eier und Petersilie dazugeben und zu einem Teig verkneten, kurz durchziehen lassen und abschmecken.
In einem breiten, ofenfesten Topf oder einer Reine etwas Butter zerlassen, eine Schicht Krautblätter bodendeckend einlegen. Nun eine Schicht Fischmasse auftragen, wieder Krautblätter, wieder Fisch einschichten, bis die Masse aufgebraucht ist. Abschließen mit Krautblättern. Butterflöckchen darauf verteilen und einen kleinen Schuss Krautkochwasser angießen. Mit einem ofenfesten Deckel oder mit Alufolie zugedeckt ca. 45–60 min bei 180 Grad im Bratrohr garen. 15 min vor Ende der Garzeit den Deckel abnehmen, damit der Auflauf eine schöne goldbraune Kruste bekommt und nochmal einen kleinen Schuss Kochwasser angießen.

Zum Servieren in Tortenstücke schneiden und Kartoffelpüree dazu reichen.

Tipp: *Dieses Rezept kann auch sehr gut mit gemischtem Hackfleisch zubereitet werden. Die Garzeit erhöht sich dabei auf 60 min bei 200 Grad.*

Tipp: *Aus der gleichen Fischmasse kann man auch wunderbar Fischpflanzerl formen und ausbraten!*

Zanderfilets auf Spaghetti mit Senfsauce

2 Personen:

400 g Zanderfilet mit Haut
Mehl und Paprikapulver
Butterschmalz oder Öl zum Braten
300 g gekochte Spaghetti

Sauce:
1 Zwiebel, gewürfelt
100 g Sellerie, gewürfelt
1 Knoblauchzehe, gehackt
½ Chilischote, fein geschnitten
50 g Lauch, geschnitten
Bratfett
2 EL scharfer Senf
30 g Mehl
ca. 220 ml Brühe
80 ml Sahne
Salz, Pfeffer, geschroteter Pfeffer
Schnittlauchröllchen zur Deko

Für die Sauce Zwiebel-, Sellerie, Knoblauch- und Chilistücke in heißem Fett anbraten, Senf hinzu geben und unter Rühren kurz angehen lassen. Für die Mehlschwitze das Mehl hinzugeben und leicht mit anrösten lassen, nach 3–5 min mit der Brühe aufgießen. 10–15 min köcheln lassen. Nebenher die Spaghetti kochen. Die fertige Sauce pürieren und durch ein Sieb streichen, mit Sahne verfeinern und abschmecken.

Zeitgleich Butterschmalz/Öl in einer Pfanne erhitzen, Fischfilets würzen, beidseits in einer Mehl-Paprikamischung wenden und zunächst auf der Hautseite bei mittlerer Hitze braten, bis es schön kross ist, wenden, vom Feuer nehmen und nur noch kurz ziehen lassen.

Die gebratenen Zanderfilets werden auf den Spaghetti angerichtet, dazu reicht man die Senfsauce und garniert mit geschrotetem Pfeffer und Schnittlauchröllchen.

Tipp: *Wenn man das Gemüse sehr fein schneidet, muss man die Sauce nicht pürieren und passieren.*

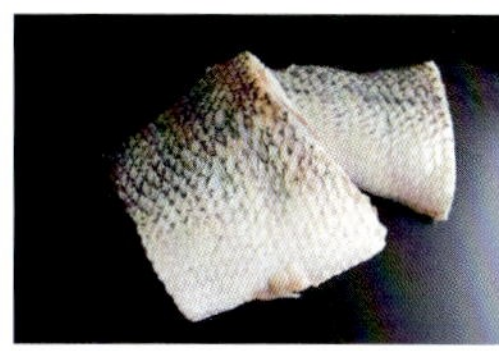

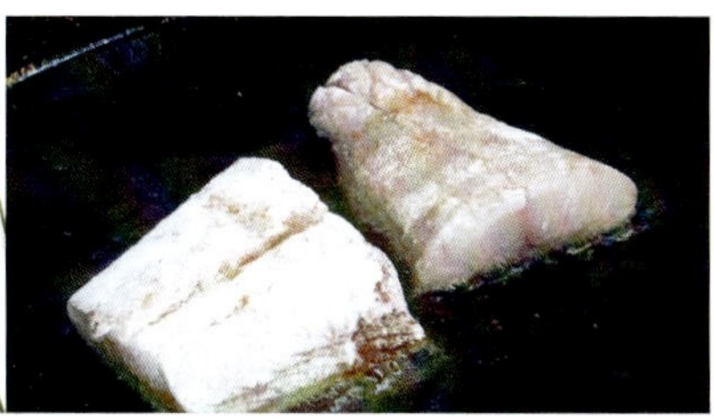

Zopf vom Saiblingsfilet mit Thaispargel-Risotto

2 Personen:

2 Saiblingsfilets ohne Haut
1 Stange Zitronengras
50 g Butter
Salz, Pfeffer aus der Mühle, Korianderpulver
Backpapier, Zahnstocher

Saiblingsfilets vom breiten Ende her in drei Streifen schneiden, aber am schmalen Ende nicht durchtrennen. Einen Zopf flechten und unten mit Zahnstochern fixieren, würzen. Auf einen Bogen Backpapier ein paar Butterflocken setzen, den Zopf darauf legen und mit weiteren Butterflocken sowie in feine Ringe geschnittenem Zitronengras belegen. Das Backpapier zu einem Päckchen falten und die Zöpfe im vorgeheizten Backofen 15 min bei 170–180 Grad garen.

Der Zopf vom Saibling wird auf dem Thaispargel-Risotto angerichtet, dazu passt ein Glas trockener Weißwein.

Thaispargel-Risotto:

1 Tasse Risottoreis
2 Schalotten, fein gewürfelt
4 EL Olivenöl
200 ml Weißwein
ca. 700–800 ml Fischfond (Gemüse-, Hühnerfond)
150 g Thaispargel, gewaschen und geputzt
50 g Parmesan, gerieben
50 g Butter
1 Prise Salz, Pfeffer aus der Mühle

Schalottenwürfel in Olivenöl andünsten, Reis mit anbraten. Nach und nach den Weißwein hinzugeben und unter Rühren einreduzieren lassen, dann den warmen Fond portionsweise angießen und ebenfalls unter Rühren immer wieder einreduzieren lassen. Spargel in zentimeterlange Stücke schneiden, zum Reis geben und mit köcheln lassen. Wenn der Reis noch leichten Biss hat, Butter und den geriebenen Parmesan unterrühren, damit das Risotto schön sämig wird. Mit Salz und Pfeffer abschmecken.

Rezepteverzeichnis

	Seite:
Ammerseer Fischsuppe/Fischfond	30
Andis Ammersee-Aalsuppe	32
Äschen auf dem Gemüsebett	34
Asiatisches Fischcurry vom Saibling	36
Brat-Renken	38
Bunte Fischspieße mit Rosmarinkartoffeln	40
Eingelegte Rotweinrenken	42
Fisch in der Salzkruste	44
Fischfilets in Dillsauce aus dem Rohr	46
Fischgratin-Variationen mit Tomate / Schwammerln	48
Fischnockerln vom Kochelsee	50
Forellenfilets in der Folie	52
Gebeizte Lachsforelle mit Senf-Dill-Sauce und Reiberdatschi	54
Gebeizte Seeforelle „graved Art""	56
Gebratene Renke mit Pellkartoffeln und Buttersauce	58
Gefüllte Speck-Renken aus dem Rohr	60
Geräuchertes Renkenfilet mit Gemüse-Brot-Salat	62
Hecht „blau"	64
Hechtfilet in Bärlauch-Kresse-Butter	66
Karpfen auf ungarische Art	68
Karpfensalat mit buntem Gemüse	70
Mousse von der geräucherten Forelle	72
Renkenfilets in Schnittlauch-Sahne-Sauce	74
Renkenfilets mit Zwiebeln und Curry	76
Saibling auf mediterranem Gemüse	78
Saiblingskaviar auf Mangospalten	80
Saiblingstatar auf asiatische Art	82
Saltimbocca von der Renke	84
Seehecht mit Rosmarin und Sardellen	86
Staffelsee-Fischsülze	88
Weißfischfilet-Röllchen in Gruyère-Rahmsauce	90
Weißfisch-Kraut-Topf	92
Zanderfilet auf Spaghetti mit Senfsauce	94
Zopf vom Saiblingsfilet mit Thaispargel-Risotto	96